JN014731

秘密保持契約・予備的合意書・覚書の法務と書式

牧野和夫［著］
Makino Kazuo

中央経済社

はじめに——本書の射程

　なぜ「中間文書（日英）」といわれる NDA（秘密保持契約書）や「レター・オブ・インテント，覚書」，タームシート，正式契約後のメンテナンスの覚書が必要となるのでしょうか？　法律や契約書の専門家でなくても，経営やビジネス・技術のご担当者で，実務の処理上どうしても中間文書に関わらざるを得ない場合も多いのではないでしょうか。

　最近では，国内外の他社との事業提携や新規取引・プロジェクトが急増しており，リスク回避の観点から，先ずは商談の開始にあたって NDA を締結しますし，正式な取引契約は未だ締結することができない段階であっても，それに伴う覚書などの文書の締結が必要かつ重要になってきています。

　NDA は毎回必ず締結されますが，その一歩先の踏み込んだ中間合意書等がないためにプロジェクトが先に進んで，投資や成果物が発生した場合でも十分に機能しないで，後日トラブルになるケースも多く出てきています。

　さらに，NDA を締結したからといってオールマイティー（＝営業秘密が法的に完璧に保護される）ではありません。提携や買収についての不自然なアプローチを受けて，重要な営業秘密を見られて盗用されてしまうケースも後を絶ちません。筆者の知る限りでは，20年以上前からこのような話を多く聞いています。こうした被害を防ぐために，NDA の弱点について把握した上で，それを補充する必要があります。

　そうした覚書やレター・オブ・インテント（以下，こうした予備的合意書，中間合意書，暫定合意書等。覚書や LOI を総称して，本書では中間合意書と言います）は，社内的に「法律文書」ではなく「ビジネス文書」と理解されてしまいがちです。事業部門によりリーガルチェックをすることなく締結されてしまい，後日問題になることも増えてきています。

　中間合意書で基本事項が合意されて，「最終契約の交渉」を開始することになりますが，中間合意書では，詳細まで契約条件を詰め切れていないことから，いきなり「最終契約の交渉」のステージになると予想外に交渉が難航し時間が掛かることが多くあります。そこで「最終契約の交渉」に役に立つ書式がいわゆる「タームシート（Term Sheet，略称 TS ともいいます）」が登場します。

もともとは出資契約で使用されていたものが、契約交渉の叩き台として有用だとして、近年は幅広い分野で活用されています。

　さらに、正式契約書が締結されれば、それで終わりというわけではありません。正式契約締結後の正式契約書のメンテナンスも重要です。例えば、契約条件の変更、有効期間の延長、正式契約書の補充などで正式契約書のメンテナンスが必要になる場合が多く、その場合には、覚書などのタイトルで文書を締結することが多くなります。

　以上のNDAの締結からステージの正式契約書のメンテナンスまでの各ステージにおける「中間文書」のイメージを以下にまとめておきます。

〔中間文書の各ステージにおけるイメージ〕

ステージ	中間文書の種類
商談の開始	NDA（秘密保持契約）
基本合意 履行の準備	中間合意書、覚書やレター・オブ・インテント （予備的合意書、暫定合意書等）
正式な取引契約書の交渉	タームシート
正式な取引契約書の締結	最終契約（本書の対象外）
正式な取引契約書締結後の メンテナンス	変更覚書・サイドレターなどの締結

　本書では、国内外の他社との通常の取引に加えて、事業提携や新規取引・プロジェクトの交渉の着手から初期の段階において、先ずはNDAを締結した後に、覚書やレター・オブ・インテントや「最終契約の交渉」までの「タームシート」、さらには「正式契約書のメンテナンス覚書」を本書では、一連の「中間文書」と呼ぶことにしますが、こうした「中間文書」を交渉・締結するに当たり、注意しておくべき企業提携の実務上の基本的ノウハウを基礎から具体例を用いて分かり易く説明します。

　「中間文書」には、実務上問題が多く、こうした「中間文書」でも重要な論点として触れておく必要のある「準拠法・紛争解決（裁判管轄や仲裁合意）の選択のポイント」について、基本的な進め方についても解説しています。

　こうした「中間文書」は、NDAを除いては、社内では企業秘密とされることが多く、サンプルや解説書の類がほとんどなく、本書は「中間文書」につい

て最初の解説書として，世界で活躍する実務家へその実務上の意義を問うものです。

　最後に本書は，1990年代に当時，関西学院大学商学部で教鞭を執られていた則定隆男名誉教授（ビジネスコミュニケーションご専門）のレター・オブ・インテントのご著書『契約成立とレター・オブ・インテント─契約成立過程におけるコミュニケーション』（東京布井出版）に大きな感銘と啓発を受けて，「いつかは則定先生のご著書に続きたい」とその時から長年にわたり思い続けていました。今回中央経済社の露本敦編集長にご快諾をいただき，素晴らしい書籍に構成して公表する貴重な機会をいただきました。この場を借りてお二人に深謝申し上げます。日々の実践でご活躍の実務家の皆さんに少しでも参考になれば望外の幸せです。

　2021年5月

著　　者

目　　次

Ⅱ　LOI（予備的合意書）・覚書の基本

4

Ⅴ　類型別にみる書式例

NDA（秘密保持契約）の基本

1 交渉を開始する前に NDA を締結する

⑴　NDA 締結の必要性について

　実際に取引の交渉を開始し秘密情報を交換する前に，先ずは秘密保持契約（non-disclosure agreement〔NDA〕や Confidentiality agreement〔CA〕；以下，本書では NDA を用います）を締結すべきこと」は，今や企業人のイロハになっています。

　なぜ NDA を締結する必要があるのでしょうか。それは，NDA を締結しないと，以下のような営業秘密に対する法的保護を受けられなくなるからです。

①　NDA を締結することにより，不正開示や不正使用の場合に相手方へ「契約違反」による損害賠償を請求することができます。

②　他方で，NDA の対象となっている営業秘密が，以下⑵の 3 要件を満たすと，不正競争防止法（営業秘密保護）により法的保護を受けることができ，発生した損害賠償に加えて，営業秘密の使用の差止めを請求することができます。特に秘密管理性の要件はありますが，NDA を締結することにより秘密管理性の要件を満たすことになり不正競争防止法（営業秘密保護）により法的保護を受けることができる可能性が高まる点に留意すべきです。

⑵　営業秘密として法的保護を受けるための 3 要件

　せっかく NDA で営業秘密を管理していても，社内で対象となる秘密情報がきちんと管理されていないと，不正競争防止法で保護されるべき「営業秘密」として認定されず保護を受けられないおそれがあります。企業が厳重に管理すべき秘密情報に該当するものとしては，経営情報，事業計画，販売・マーケティング計画，製品製造のノウハウ，顧客リストなどの営業秘密や社員情報，

その他企業が秘密として管理している情報のすべてが対象となります。つまり，社外に漏れてしまうことにより，その企業に損害が発生するような重要な秘密情報を意味します。こうした営業秘密は，日本では不正競争防止法により保護されています。ただし，企業が考える「営業秘密」がすべて不正競争防止法で保護されるわけではなく，不正競争防止法で保護される営業秘密に該当するためには，次の３つの要件を満たす必要があります。

第１に，その営業秘密は「秘密として管理」されていることが必要です（秘密管理性，不正競争防止法２条６項）。

第２に，その営業秘密が企業の事業活動に有用であること。つまり，企業の事業活動に有用な生産方法や販売方法その他の技術上・営業上の情報であることが必要です（不正競争防止法２条６項）。

第３に，その営業秘密が公然と知られていないこと，つまり一般に公開されていないことが必要です（不正競争防止法２条６項）。

不正競争防止法が保護する「営業秘密」を不正に取得・使用・開示された者は，侵害者に対して損害賠償請求や使用の差止やその予防の請求などの民事上の救済が可能です（不正競争防止法３条・４条）。他方では，刑事罰（10年以下の懲役又は2,000万［法人は10億円］以下の罰金）も用意されています。

NDA による契約上の保護（契約違反）と，不正競争防止法（営業秘密保護）による法的保護の関係については，両者の保護は二者択一ではなく，両者とも重畳的に保護を受けることができます。

(3) NDA 締結の３つの形態

NDA（秘密保持契約）は，商談の最初に，単独で締結されることが多いのですが，LOI や中間合意書とセットで締結する場合も多くなっています。（例えば，後述の「プロジェクト実現可能性検討の覚書」（製造業の取引の例（165-172頁））日英を参照して下さい）

(i)取引交渉の最初の段階で，単独 NDA として締結するケース，(ii)取引契約書へ簡潔な守秘義務条項を一般条項として含めるケース，(iii)レター・オブ・インテントなど中間合意書や覚書とセットで守秘義務条項を含めるケースの３つの形態があります。

(i)の取引交渉の最初の段階で単独で締結された NDA は，秘密開示の目的が取引の実現可能性等で明確にされていることが多く，詳細な秘密情報（営業秘

密）保護のための秘密保持条件を含む詳細・完全な NDA であることが多いです。これに対して，問題は，(ii)の取引契約書へ簡潔な守秘義務条項を一般条項として含めるケースですが，それは，元々保険目的（万一秘密情報が開示されてしまったような場合に保険的に適用されるミニマム条項）に適用されるために簡潔な数行での規定が多く，(i)の場合と(ii)の場合の NDA の規定の内容があまりにも異なることから，実務上も問題視されています。これらのソリューションについては，後述します（本書38-43頁）。

⑷　NDA の書式（日英）・条項と締結上の留意点

　たとえ，NDA を締結したとしても，情報を守りきれないリスクは，つきまといますので気を付けましょう。具体例として，以下のものがあります。なお，NDA の弱点については，35頁を参照。

〔事例１〕　あるメーカーの事例

> 　欧州のメーカーが日本のメーカーに対して，欧州で合弁会社（日本のメーカーの製品を現地生産）を設立しようと働きかけてきて，NDA を締結した後で，日本のメーカーが製品製造の技術情報を全て開示した。
> 　その後で，しばらくしてから「経営者の方針が変わったので商談を白紙にしてほしい」と申し入れがあって唖然とした。日本のメーカーは法的措置も検討したが，難しいということで諦めた事例です。

〔事例２〕　あるベンチャー IT 企業の事例

> 　ベンチャー企業を日本で成功させて規模も大きくなり，創業者（経営者）がそろそろリタイアの年齢になったころに，その会社を買いたいので，まずは買収監査をしたいと申し入れがあった。
> 　その買収監査では企業のノウハウを含めて全ての技術情報を開示してしまった。
> 　ところがしばらくしてから，「買収資金が調達できないので，白紙にしてほしい」と申し入れがあって絶句した。そのベンチャー企業は法的措置も検討したが，難しいということで諦めたという事例です。

⑸　典型的な（双方向開示の）NDA の書式（日英）

英文 NDA
<u>NON-DISCLOSURE AGREEMENT</u> This Non-Disclosure Agreement (the "Agreement") is hereby made and entered into by and between Company X ("X") and Company Y ("Y") with respect to the exchange of the confidential information ("Confidential Information") between the parties hereto. THE PARTIES HERETO AGREE AS FOLLOWS: 　X 社と Y 社は秘密情報（以下「秘密情報」）の交換に関して本 NDA を締結する。

1．Purpose Both Parties shall exchange the Confidential Information with each other for the purpose of conducting a feasibility study for joint development of the new products ("Purpose"). 1．目的 　両当事者は，新製品共同開発の実現可能性の検討を行う目的のために（「目的」），相互に秘密情報を交換するものとする。

【解説】　使用目的は「目的外使用の禁止」の範囲を画する重要な規定です。

2．Confidential Information For the purpose of this Agreement, "Confidential Information" shall mean the followings: (ⅰ)　Any information that is disclosed by the party which discloses such information ("Disclosing Party") to the party which receives such information ("Receiving Party") pursuant to this Agreement, which is included in materials (including but not limited to documents or other tangible entity such as electronic media in which electrical data is

stored and e-mail) clearly indicated as being confidential; or

(ii)　Any information that is designated as being confidential by the Disclosing Party to the Receiving Party orally or by other means than the foregoing (i);

(iii)　Provided the information set forth in the preceding item (ii) shall be included into Confidential Information if the Disclosing Party notifies in writing the Receiving Party, within thirty (30) days from the time of the disclosure, of such Confidential Information in itself and that such information is Confidential Information.

２．秘密情報

　本契約において，「秘密情報」とは以下をいう。

(i)　本契約に基づいて情報を開示する者（以下「開示者」という。）からかかる情報を受領する者（以下「受領者」という。）に対して開示された，秘密である旨の表示がなされている資料（書面，電子データを格納した電子媒体等の有体物及び電子メールを含むがこれらに限られない。）に含まれる情報，又は

(ii)　開示者が受領者に対して，口頭又はその他上記(i)によらない手段で秘密として指定した上で開示した情報を意味する。

(iii)　但し，上記(ii)の情報については，当該情報の開示後30日以内に，開示者から受領者に当該情報自体及び当該情報が秘密情報である旨を記載した書面が提出されなかった場合には，秘密情報から除外されるものとする。

【解説】「秘密情報」として，NDAで保護を受けるためには，①書面，電子データ等の有形的開示の場合は，「秘密表示」を必要とし，②口頭，映像等の無形的開示の場合は，「秘密表示」と「30日以内の書面通知」を必要としています。なお，「30日」の書面通知期間は交渉マターです。

Notwithstanding the precedings, Confidential Information shall not include any information which falls into one or more of the followings:

(i)　information which was already known to or in possession of the

Receiving Party prior to the time of the disclosure by the Disclosing Party to the Receiving Party;

(ii)　information which was already known or available to the public prior to the time of the disclosure by the Disclosing Party to the Receiving Party without the Receiving Party's breach of any obligation owed to the Disclosing Party;

(iii)　information which is or subsequently becomes known or available to the public other than through the fault or negligence of the Receiving Party after the disclosure by the Disclosing Party to the Receiving Party;

(iv)　information which was obtained by the Receiving Party from a third party other than the Disclosing Party, which was disclosed to the Receiving Party without the third party's breach of any obligation owed to the Disclosing Party;

(v)　information which is independently developed by the Receiving Party;

(vi)　information with respect to which the Receiving Party obtained prior consent of the Disclosing Party that such information is not subject to the confidentiality obligation hereunder; or

(vii)　Residuals; unless otherwise agreed in this Agreement, each Party is free to use and disclose Residuals for any purpose without payment of royalties or any other restrictions or obligations. "Residuals" means ideas, concepts, know-how, and techniques in non-tangible form retained in the unaided memory of persons who have had access to Confidential Information. A person's memory is unaided if the person has not intentionally memorized the Confidential Information for the purpose of retaining and subsequently using or disclosing it other than for the Purpose.

　前項の規定にかかわらず，次の各号の一に該当する情報は，秘密情報に含まれないものとする。

一　受領者が開示者から開示を受ける前に，既に知っていたもの又は保有していたもの。

二　受領者が開示者から開示を受ける前に，受領者が開示者に対して負う義務に違反することなく，既に公知又は公用となっていたもの。

三　受領者が開示者から開示を受けた後に受領者の責に帰すべき事由によらずに公知となったもの。

四　受領者が開示者以外の第三者から取得した情報で，当該第三者が開示者に対して負う義務に違反することなく受領者に開示したもの。

五　受領者により独自に開発されたもの。

六　書面により開示者から秘密保持義務を負わない旨の事前の承諾を得たもの。

七　残存記憶：本契約において別段の合意がない限り，各当事者は，使用料またはその他の制限又は義務の支払いをせずに，任意の目的で残存記憶を自由に使用及び開示することができる。「残存記憶」とは，機密情報にアクセスした人の「助力を受けない」記憶に保持された，無体的な形式のアイデア，概念，ノウハウ，及びテクニックを意味する。本件目的以外の目的のために，それを保持しその後の使用や開示を行う目的で機密情報を意図的に記憶していなかった場合には，その人の記憶は助力を受けていない。

【解説】「七　残存記憶」はオプションの規定です。記載すべきかどうかについては，後述21頁の❷⑥ Residuals（残留記憶）条項の解説を参考にして下さい。

3．Confidential Obligations

Unless otherwise provided herein, the Receiving Party shall strictly maintain the secrecy of any Confidential Information （including the content and the fact of execution of this Agreement） and shall not disclose any and all Confidential Information of the Disclosing Party to any third parties. Except prior written consent of the Disclosing Party, the Receiving Party shall not use any Confidential Information for any other purposes than examination of the Technology.

3．秘密保持義務

　受領者は，本契約に明示で別段の規定がなされている場合を除き，秘密情報（本契約の内容及びその締結の事実を含む）について，厳に秘密を保持するものとし，開示者の一切の秘密情報を，第三者に対して開示してはならない。

　受領者は，開示者の書面による同意を得た場合を除き，秘密情報を本契約当事者における本技術の検討以外の目的に用いてはならない。

【解説】　秘密保持義務と目的外使用の禁止を規定しています。外注先などへの開示が予定されている場合には，例外についても早めに合意してもらいましょう。

If the Receiving Party is required or ordered to disclose any Confidential Information of the Disclosing Party pursuant to the applicable laws and regulations, the Receiving Party shall take all possible measures to limit such disclosure and make best efforts to afford the Confidential Information of the Disclosing Party the highest level of protection. In this event, the Receiving Party shall notify the Disclosing Party of such disclosure as early in advance as possible so that the Disclosing Party shall have an opportunity to take necessary measures to limit such disclosure.

　受領者が法令の規定に基づいて開示者の秘密情報を開示する旨の請求又は命令等を受けた場合は，受領者は，かかる開示をできる限り制限するために可能な措置をとり，開示者の秘密情報が最大限の保護を受けられるよう最善の努力をするものとする。この場合，受領者は，開示者がかかる開示をできる限り制限するための措置をとる機会を得ることができるよう，開示前のできる限り早い時期に開示者に対して当該開示について通知するものとする。

【解説】　政府・公官庁からの開示要求の場合の具体的な対応手続が規定されています。

4．Control of Confidential Information

The Receiving Party may disclose Confidential Information only to the Receiving Party's directors, employees, researchers and independent contractors for examination of the Technology ("Employees") who need to know such Confidential Information to the necessary extent possible. On the occasion of disclosing Confidential Information to its Employee, the Receiving Party shall indicate and disseminate to the Employees that the secrecy of the Confidential Information disclosed to them should be strictly kept confidential. The Receiving Party shall also impose on its Employees the equivalent obligation as provided herein with respect to the Confidential Information and shall fully direct and supervise them to ensure their compliance with such obligation.

4．管理責任

　受領者は，本技術の検討に実質的に関与し，秘密情報を知る必要がある受領者の役員，従業員，研究員及び本技術の検討を委託した委託先（以下「従業員等」という。）に対してのみ，必要な限度において，秘密情報を開示することができるものとする。受領者は，秘密情報の従業員等への開示に際し，開示の対象となる秘密情報が厳に秘密を保持すべき情報であることを明示し，周知させるとともに，各々の従業員等に秘密情報に関して本契約で定める義務と同等の義務を課し，これを遵守するよう十分な指導監督を行わなければならない。

The Receiving Party shall, as an administrator of Confidential Information, take reasonable security precautions, at least as great as the precautions it takes to protect its own confidential information, to maintain the secrecy of the Confidential Information of the Disclosing Party.

　受領者は，開示者の秘密情報の秘密を保持するために，自己の秘密情報に払うのと同等以上の秘密情報の管理者としての合理的な注意義務を尽くすものとする。

The Receiving Party shall notify the Disclosing Party immediately upon discovery of any unauthorized use or disclosure of the Confidential Information or any other breach of this Agreement by the Employees, and shall take necessary measures for recovery or correction such as collection of the materials which contain the Confidential Information and take all reasonable steps to prevent further unauthorized use or disclosure of the Confidential Information or any other breach of this Agreement.

　受領者は，従業員等による秘密情報の不正な使用若しくは開示又はその他の全ての本契約に違反する事実を知った場合には，これを直ちに開示者に通知するとともに，秘密情報を含む資料の回収等必要な回復又は是正の措置をとるものとし，また，秘密情報の更なる不正な使用若しくは開示又は本契約違反を防止するために，あらゆる合理的な措置をとるものとする。

【解説】　秘密情報の管理・監督責任について規定しています。

5．Limited Reproduction

The Receiving Party shall not reproduce or summarize any Confidential Information, in whole or in part, except (i) with prior written consent of the Disclosing Party; (ii) in pursuance of reasonable necessity of the Receiving Party's business relationship with the Disclosing Party; or (iii) as otherwise agreed between the parties hereto. Any materials reproduced and summarized by the Receiving Party which contains Confidential Information shall be handled in the equivalent manner in which Confidential Information is handled.

5．複製等の制限

　受領者は，(i)開示者の書面による事前の承諾を得た場合，(ii)開示者に対する業務上の関係において合理的に必要であると認められる場合又は(iii)当事者間で別途認められている場合でない限り，秘密情報の全部又は一部を複製又は要約してはならないものとする。秘密情報の複製物及び要約物の取扱いについては，秘密情報と同様とする。

【解説】　秘密情報の複製・要約の原則禁止（開示者の承諾必要）について規定しています。

6．No Warranty

The Disclosing Party shall not be liable for any damages whatsoever arising from any defect or the use or restriction of the use of Confidential Information, and shall not make any express or implied warranty thereof to the Receiving Party.

6．保証責任

　秘密情報に瑕疵があった場合又は秘密情報を使用すること若しくは使用できないことにより損害が発生した場合でも，開示者は，受領者に対し，一切の責任を負わないものとし，それらについて一切の明示又は黙示の保証をしないものとする。

【解説】　開示された秘密情報についての保証責任を否定しています。

7．Intellectual Property Rights

In the event the Disclosing Party discloses Confidential Information to the Receiving Party, unless otherwise agreed in writing between the parties hereto, the Disclosing Party does not grant any express or implied right to the Receiving Party to or under any patents, model utility rights, design rights, trademarks, copyrights, trade secrets and other intellectual property rights (collectively, "Intellectual Property Rights"). The Disclosing Party reserves its rights under Intellectual Property Rights.

The Receiving Party shall refrain from reverse engineering, decompiling or disassembling in connection with the Confidential Information disclosed by the Disclosing Party to the Receiving Party unless expressly permitted by applicable law.

7．知的財産権

　開示者が受領者に秘密情報を開示する場合において，当事者間で書面により契約を締結するのでない限り，開示者は，開示者の秘密情報にかかる特許権，実用新案権，意匠権，商標権，著作権，営業秘密及びその他の知的財産権（以上の権利を併せて以下「知的財産権」という。）に関する出願，登録，実施等の権利を，明示であると黙示であるとを問わず，受領者に対して許諾するものではなく，開示者は，これら開示者の秘密情報にかかる知的財産権に関する権利を留保するものとする。

　受領者は，法令により明示に認められている場合を除き，開示者が開示した秘密情報に関して，リバースエンジニアニング，逆コンパイル又は逆アセンブルを行ってはならないものとする。

【解説】　秘密情報の知的財産は開示者に帰属すること，受領者によるリバースエンジニアニング等の禁止について規定しています。

8．No License

Disclosure of the Confidential Information to the Receiving Party hereunder shall not constitute any option, grant or license to the Receiving Party under any patent, know-how or other intellectual property rights heretofore, now or hereinafter held by Disclosing Party.

8．非許諾

　受領当事者に対する秘密情報の開示は，開示当事者が現在若しくは将来保有する特許，ノウハウ，その他の知的財産権に基づく，受領当事者に対する選択権，権利付与あるいは使用許諾を何ら構成するものではない。

【解説】　本NDAによって何らの使用権を受領者に与えるものでないことについて規定しています。

9．No Commitment

It is understood and agreed that the disclosure by Disclosing Party of the Confidential Information hereunder shall not result in any obligation on the part of either party to enter into any further agreement with the other with respect to the subject matter hereof or otherwise.

9．取引の非確約

　受領当事者へ秘密情報を開示したからといって，将来本契約の主題等に関して契約を締結する義務を当事者間に発生させるものではない。

【解説】　本 NDA によって何らの取引のコミットをするものでないことについて規定しています。

10．Return of Confidential Information

The Disclosing Party may, even prior to the termination of this Agreement, with or without cause upon fourteen （14） days prior written notice to the Receiving Party, request the Receiving Party to return or destruct any part and all of ⅰ the materials; ⅱ the written notices set forth in Item ⅲ of Paragraph 1 of Article 1; and ⅲ the reproductions and summaries of ⅰ and ⅱ, which contain the Confidential Information of the Disclosing Party, according to the instruction by the Disclosing Party.

The Receiving Party shall, upon termination of this Agreement due to expiration or cancellation, immediately return to the Disclosing Party or destruct all of ⅰ the materials; ⅱ the written notices set forth in Item ⅱ of Paragraph 1 of Article 1; and ⅲ the reproductions and summaries of ⅰ and ⅱ, which contain Confidential Information of the Disclosing Party, according to the instruction by the Disclosing Party.

10．秘密情報の返還

　開示者は，本契約の終了前であっても14日前の事前の書面による通知をもって，開示者の秘密情報を含む全部又は一部の資料及び秘密情報を記載した第 1 条第 1 項ⅲの書面並びにこれらの複製及び要約を開示者の指示に従って返却又は破棄することを，受領者に請求することができるものとする。

　受領者は，本契約が期間満了又は解約により終了した場合，直ちに開示者の秘密情報を含む全ての資料及び秘密情報を記載した第 1 条第 1 項但

書の書面並びにこれらの複製及び要約を開示者の指示に従って返却又は破棄するものとする。

【解説】 「14日」の書面通知期間は交渉マターです。

11. Term:

This Agreement shall be in full force and effect for three (3) years commencing from the conclusion date as indicated at the end of this Agreement ("Effective Date"). Notwithstanding the provisions in the preceding paragraph and Article 11, the provisions in Articles 2, 3, 4, 6, 7, 8 and 10 shall survive the termination of this Agreement for two (2) years from the date of the termination.

11. 契約期間

　本契約は，本契約書末尾記載の契約締結の日（以下，「発効日」という。）に発効し，発効日から3年間で満了する。前項又は第11条の規定にかかわらず，第2条，第3条，第4条，第6条，第7条，第8条及び第10条の規定は，本契約終了の日から2年間有効に存続するものとする。

【解説】 本NDAの終了後に残存する有効な規定を具体的に列挙しています。

12. General Provisions

This Agreement constitutes the entire agreement between the parties with respect to the subject matter hereof and may be modified only with a prior written consent of both parties, and supersedes all previous agreements between the parties regarding the subject matters hereof made and entered into prior to the Effective Date of this Agreement.

12. 一般条項

　本契約は，本契約の対象事項に関する甲乙間の完全なる合意を構成し，両当事者の事前の書面による合意によってのみ変更することができるものとし，本契約の発効日以前に両当事者間でなされた本契約の対象事項に関するいかなる取り決めも，すべて本契約に取って代わられるものとする。

None of the right under any provisions of this Agreement shall be considered to have been waived by any act or acquiescence on the part of each party, its representative or Employees without a written certificate signed by an authorized representative of either party. Even if any of the rights under any provision hereof is duly waived, such waiver shall not constitute any further waiver of any other rights under any provision hereof.

　本契約のいずれの規定も，いずれかの当事者の権限ある者が署名した書面なくして，各当事者，それぞれの代理人又は従業員等の行為又は黙認によって当該規定にかかる権利が放棄されたとみなされることはなく，また，本契約のいずれかの規定にかかる権利が正当に放棄された場合であっても，他のいかなる規定にかかる権利も放棄されたものとはみなされないものとする。

Neither party shall assign, transfer, pledge or encumber this Agreement or any of its rights and obligations hereunder, in whole or in part, whether through transfer of shares or assets, transfer of business, merger or any other way, to any third party without prior written consent of the other party.

　いずれの当事者も，相手方の事前の書面による承諾を得ない限り，株式若しくは資産の譲渡，営業譲渡，合併又はその他いかなる事由によるとを問わず，本契約及び本契約により生じる権利義務の全部又は一部を第三者に譲渡し，又は担保に供する等第三者の権利若しくはその目的としてはならないものとする。

Neither Party shall be immune from its obligations under this Agreement even if either party, with a prior written consent of the other party as provided in the preceding paragraph, assigns, transfers, pledges or encumbers this Agreement or its rights and obligations hereunder, in whole or in part, to any third party.

　いずれの当事者も，前項に規定する事前の書面による承諾を得て，本契約及び本契約により生じる権利義務の全部又は一部を第三者に譲渡し，又

は担保に供する等第三者の権利若しくはその目的とする場合においても，本契約に基づく義務の一切を免れることはできないものとする。

This Agreement shall be construed and governed by the laws of Japan.

本契約は日本法に基づいて解釈され，これに準拠するものとする。

In the event any dispute arises in connection with this agreement between both parties and is to be resolved through court proceedings, the parties consent to exclusive jurisdiction and venue in the Tokyo District Court.

本契約に関し当事者間に紛争が生じ，それを裁判によって解決する場合は，両当事者は，東京地方裁判所を第一審の専属的合意管轄裁判所とすることについて合意する。

Even if any of the provisions of this Agreement shall be held to be illegal, invalid or unenforceable by a court of competent jurisdiction, the remaining provisions of this Agreement shall remain in full force and effect.

本契約の規定の一部が管轄裁判所により違法，無効又は不能であると判断された場合においても，本契約のその他の規定は有効に存続するものとする。

Disclosing Party shall be entitled to obtain all appropriate relief, including injunctive and equitable relief, to enforce the provisions of this Agreement. This Agreement shall inure to the benefit of and be enforceable by Disclosing Party, its representatives, successors or assigns, and shall be binding upon the Receiving Party, its successors, representatives and assigns.

開示当事者は，本契約の規定を権利行使するために，差し止めによる救済及び衡平法上の救済を含む全ての適切な救済を受ける権利を有するものとする。　本契約は，開示当事者，その代表者，後継者又は譲受人の利益のために効力を生じ，執行可能であり，受領当事者，その後継者，代表者及び譲受人を拘束するものとする。

【解説】　どの種類の契約書にも必ず出てくる法務的・管理的な条項（一般条

項）を規定しています。

IN WITNESS WHEREOF, the parties hereto have caused this Agreement to be executed in duplicate and each party shall keep one of the originals.

　Date: ＿＿＿＿＿＿＿＿＿＿

　Company X:

　Address:

　Signature: ＿＿＿＿＿＿＿＿＿＿

　Name:

　Title:

　Company Y:

　Address:

　Signature: ＿＿＿＿＿＿＿＿＿＿

　Name:

　Title:

　本契約締結の証として，契約書正本2通を作成し，各当事者各1通を保有する。

令和○○年○○月○○日

X株式会社

Y株式会社

2 NDA をめぐる最新実務 (IT 業界の最新のトレンドを含む)

(1) 新しい条項や交渉で問題となる条項

① 秘密指定されていない情報を解釈で対象とする規定

> If a reasonable person under the same or similar circumstances would understand the information to be confidential by its nature or type, the obligations of confidentiality and non-use as set forth in this Agreement shall apply even if such information is NOT in writing and is NOT marked to indicate it is confidential at the time of disclosure.
>
> 　同じ又は類似の状況にある合理的な人がその性質又は種類によって機密情報と理解するであろう場合において，この情報が書面ではなく，かつ，公開時に秘密であることを示すために記されたものでない場合でも，本契約に定められた機密性及び不使用の義務が適用される。

　「合理的な人」というのは，裁判所が同一・類似の状況に「合理的な人」が置かれた場合に，どのように考えるか，と判断するときに使用される用語と理解してください。その「合理的な人」が「書面や機密表示の要件を満たさずに，NDA の対象外とされた情報であっても，その性質又は種類によって機密情報と理解する場合」（例えば，機密と認識しておきながら，機密の記載をするのを失念した場合など）には，NDA の対象として保護するという趣旨と思います。

　この規定をそのまま受ける場合のリスクですが，範囲が抽象的で広過ぎるので，公序良俗違反で民法90条で無効になる可能性がありますが（ただし，裁判所で無効とされるまでは有効なので），当社側が開示秘密情報のバリューが非常に大きい場合には，広くカバーして保護されるほうが得策ですので，機密と認識をしておきながら，機密の記載をするのを失念した場合には，漏れを防ぐという趣旨で入れておくべきでしょう。

　反対に，相手側が開示する秘密情報のバリューが非常に大きい（当方から開示する秘密情報のバリューが比較的少なく，受け取るバリューのほうが大き

い）場合には，広くカバーして保護されるとどちらかというと実質的受領者である当方の義務が重くなりますので（秘密表示の有無に関わらず，すべての開示された情報を秘密管理しなければならない），上述の民法90条違反を根拠に削除を求めるのが一般的でしょう。

　英国法系の企業から出てくるNDAドラフトに多くみられる規定ですが，これは，英国法では秘密表示の有無に関わらず，その内容，状況から営業秘密性が判断されるのが理由と思います。

②　秘密指定がない場合にセカンドレビューができるとする規定

　秘密指定を忘れてしまった場合に，セカンドレビューすることができるようにするために，秘密情報等に該当しない情報についても，これを第三者へ開示又は提供しようとする場合には，事前に開示当事者に対してその内容を記した書面で通知を行うとする規定です。

If the Receiving Party intends to disclose or provide to a third party information that does not fall within the Confidential Information, which information has been disclosed or provided by the Disclosing Party, the Receiving Party shall inform the Disclosing Party of such information in advance. If the Disclosing Party makes an objection within 10 business days after the notification, the Receiving Party shall not disclose or provide such information until consultation between the two Parties has been completed.

　受領当事者は，開示当事者から開示又は提供を受けた情報のうち秘密情報等に該当しない情報についても，これを第三者へ開示又は提供しようとする場合には，事前に開示当事者に対してその内容を記した書面で通知をなすものとし，当該通知後10営業日以内に開示当事者が異議を述べた場合には，両者間の協議が整うまではこれを開示又は提供してはならない。

---

③　「退職後の使用人」についての規定

　最近多くなっていますが，契約当事者の役員又は使用人の退職後も対象として，秘密保持義務の遵守を徹底させる規定です。

　使用人の中に，カッコ書で，「（秘密情報を知得後退職した者も含む）」とし

て，念のために「退職後の秘密情報の保有者」を含んでいます。

第XX条（被開示者の責務）

1. 甲並びに乙は，相手方から開示された秘密情報を知得した自己の役員
　又は使用人（秘密情報を知得後退職した者も含む）に対し，本契約に定
　める秘密保持義務の遵守を徹底させるものとする。

2. 甲並びに乙は，相手方から開示された秘密情報を知得後に退職した自
　己の役員又は使用人の本契約条項に違反する行為について，相手方に対
　して一切の責を負うものとする。

---

④ 「機密情報の返還」についての規定

　これも最近多くなっていますが，企業の悩みであった，①機密情報がメール
等の電子媒体に記録されている場合や，②受領した当事者のサーバー上に記録
されたデータについては秘密情報の返還又は廃棄の対象とはならないとする規
定です。実務上は黙認されることもありますが，契約上で明文の規定を設けて
おけば，すっきりするでしょう。

第XX条（機密情報の返還）

1. 当事者は，本件取引について，契約を締結しないことを確定した時点
　で相手方から受領した機密情報の全てを返還するか又は，当事者の責任
　の下で破棄するものとする。

2. 前項にかかわらず，機密情報がメール等の電子媒体に記録されている
　場合，受領した当事者のサーバー上に記録されたデータについては前項
　の返還又は廃棄の対象とはなりません。ただしその場合も受領者は，当
　該データについて機密を保持すべき義務を負うものとする。

---

⑤ 「極秘指定」についての規定

　こうした「極秘指定」のドラフトを受領した場合には，気を付けなければい
けません。つまり，せっかくNDAを当事者間で締結したとしても，開示すべ
き情報を開示者が「極秘指定」して別のNDAの条件を提示してきた場合には，
それらに従わなければなりません。それを予め包括的に認めてしまう規定です
ので，通常は受け入れにくいでしょう。

第 XX 条（極秘指定）

　　開示者は，第 X 条の秘密事項のうち，特に高度の機密管理を要するもの，若しくは漏洩が生じた場合に，重大な社会的セキュリティ若しくは公序良俗への影響が懸念されるものについてはあらかじめ受領者にその旨を伝達し，他の秘密事項より高度の取扱い上の条件指定（管理・注意の程度，秘密保持期間等）（以下，「極秘指定」という。）をすることに合意が得られた場合のみ当該秘密事項を開示することとする。

⑥　Residuals（残留記憶）条項についての規定

　秘密情報が先方の社員の記憶にあるものは，本 NDA の対象にしない（自由に無償で利用できる）とする規定です。転職者が多いシリコンバレーの企業ではよく見られます。

　この規定は，相手方（Company or its Affiliates）だけが「残存記憶」を利用できる書き方になっていますので，まずは，①双方向にして当方にメリットがあるかどうか検討して，つぎに，②当方が重要な秘密情報を開示する立場の場合には，デメリットになるので削除を要求する，反対に，③当方がどちらかといえば重要な秘密情報を受領する立場の場合には，メリットになるので本条項をそのまま残すことを検討してみてください。

Residuals

Unless otherwise agreed in this Agreement, Company or its Affiliates is free to use and disclose Residuals for any purpose without payment of royalties or any other restrictions or obligations. "Residuals" means ideas, concepts, know-how, and techniques in non-tangible form retained in the unaided memory of persons who have had access to Confidential Information. A person's memory is unaided if the person has not intentionally memorized the Confidential Information for the purpose of retaining and subsequently using or disclosing it other than for the Purpose.

残存記憶

　本契約において別段の合意がない限り，当社又はその関連会社は，使用料又はその他の制限又は義務の支払いをせずに，任意の目的で残存記憶を自由に使用及び開示することができる。「残存記憶」とは，機密情報にアクセスした人の「助力を受けない」記憶に保持された，無体的な形式のアイデア，概念，ノウハウ，及びテクニックを意味する。本件目的以外の目的のために，それを保持しその後の使用や開示を行う目的で機密情報を意図的に記憶していなかった場合には，その人の記憶は助力を受けていない。

それでは，Company or its Affiliates だけでなく，相互に「残存記憶」を利用できるようにドラフトするにはどうしたら良いでしょうか？
以下のようになります。

Residuals

Unless otherwise agreed in this Agreement, each Party or its Affiliates is free to use and disclose Residuals for any purpose without payment of royalties or any other restrictions or obligations. "Residuals" means ideas, concepts, know-how, and techniques in non-tangible form retained in the unaided memory of persons who have had access to Confidential Information. A person's memory is unaided if the person has not intentionally memorized the Confidential Information for the purpose of retaining and subsequently using or disclosing it other than for the Purpose.

残存記憶

　本契約において別段の合意がない限り，各当事者又はその関連会社は，使用料又はその他の制限又は義務の支払いをせずに，任意の目的で残存記憶を自由に使用及び開示することができます。「残存記憶」とは，機密情報にアクセスした人の「助力を受けない」記憶に保持された，無体的な形式のアイデア，概念，ノウハウ，及びテクニックを意味する。本件目的以外の目的のために，それを保持しその後の使用や開示を行う目的で機密情報を意図的に記憶していなかった場合には，その人の記憶は助力を受けて

いない。

　一般的には，Residuals（残留記憶）を一律に NDA の対象外とする規定には，抵抗があります。どんな企業秘密がでてくるか分かりませんし，1 行で表現できても，重要な企業秘密があり得るからです。この規定案に対しては，当社側によほど有利な事情がない限りは，削除要求を検討すべきでしょう。

⑦　フィードバック規定

　いわゆる「フィードバック規定」ですが，先方の秘密情報（たとえば，サンプル製品等）に対して当社が改善アイデアや市場評価のフィードバックをした場合に，その秘密情報は先方に帰属するとする規定が多くみられます。この規定を選択する場合には，Intellectual Property Rights（知的財産権）規定の末尾に規定することになります。

　例えば下記の条項です。

Feed Back

Unless otherwise agreed in this Agreement, if Partner provides any ideas, suggestions, or recommendations to Company or its Affiliates regarding Company's Confidential Information ("Feedback"), Company is free to use such Feedback and incorporate it in Company's products and services without payment of royalties or other consideration to Partner.

フィードバック

　本契約で別段の合意がない限り，パートナーが会社の機密情報（以下「フィードバック」）に関して当社又はその関連会社にアイデア，提案又は推奨事項を提供した場合，会社はロイヤリティ又はその他の対価をパートナーに支払うことなく，そのフィードバックを自由に使用し，その製品・サービスに組み入れることができる。

　先方の秘密情報へ当社がフィードバックした場合に，その秘密情報は先方に帰属する規定です。この規定も，相手方（Company or its Affiliates or Consultants）だけが「残存記憶」を利用できる書き方になっていますので，

まずは，①双方向にして当方にメリットがあるかどうか検討すべきです。②当方がどちらかといえば重要なフィードバック秘密情報を開示する立場の場合には，デメリットですので，削除を要求する。反対に，③当方が重要なフィードバックを受領する立場の場合には，メリットですので，本条項をそのまま残すことを検討してみてください。

　それでは，Company or its Affiliates だけでなく，相互に「フィードバック」を利用できるようにドラフトするにはどうしたら良いでしょうか。

　以下のようになります。

Feed Back

Unless otherwise agreed in this Agreement, if either Party provides any ideas, suggestions, or recommendations to the other Party or its Affiliates regarding such other Party's Confidential Information ("Feedback"), such other Party is free to use such Feedback and incorporate it in such other Party's products and services without payment of royalties or other consideration to such Party.

フィードバック

　本契約で別段の合意がない限り，一方当事者が他方当事者の機密情報（以下「フィードバック」）に関して，その他方当事者又はその関連会社にアイデア，提案又は推奨事項を提供した場合，その他方当事者はロイヤリティ又はその他の対価を一方当事者に支払うことなく，そのフィードバックを自由に使用し，その製品・サービスに組み入れることができる。

　上記のフィードバック条項のように，NDA の戦略的活用として，相手方から受領した秘密情報を社内使用できるように契約を構成することも検討しておく必要があります。

　最近では，下記条項例のように，表現形式を変えて，先方の秘密情報を当社がフィードバックした場合に，その秘密情報は先方に帰属するものであることを認めさせようとするものが出てきています。

【新手の Feedback 条項】

> Recipient recognizes that all tangible information relating to Confidential Information, including notes, reports and other documents prepared by Recipient in connection with the evaluation of the proposed Relationship, including all copies thereof, are and shall be the sole property of Disclosing Party.
>
> 　受信者は，その全てのコピーを含む提案された取引関係の評価に関連して受信者が作成したメモ，レポート，及びその他の文書を含む，機密情報に関連する全ての有形的情報が，開示当事者の単独の財産であることを認識する。

　予め包括的一律にフィードバックの権利帰属を認めてしまう規定ですので，通常は，受け入れにくいでしょう。

　一般的には，フィードバックを一律に NDA の対象外とする規定には，抵抗があります。どんな企業秘密がでてくるか分かりませんし，1 行で表現できても，重要な企業秘密があり得るからです。この規定案に対しては，当社側によほど有利な事情がない限りは，削除要求を検討すべきでしょう。

(2)　PDF・電子データによる締結と法的効力

　最近実務上増えてきたのが，署名ページのみに当事者が署名をして，ファックスや PDF だけで契約を締結する方法です。とくに国際的なグローバルに締結される NDA の場合には，ミーティング期日が迫っており，緊急避難的に PDF でサインページのみへの署名で締結することが多く行われています。当事者がその方法について，以下の条項例のように同意していれば，裁判になっても契約書の（形式的）証拠力（成立の真正）を争うハードルは高くなるので，以下のように「ファックスや PDF による契約締結」に両当事者が同意しておく必要があります。また，PDF での締結について当事者間の合意があったことがメール等で証明できる場合も，証拠力が認められる方向に働きます。

　ただし，サインをした頁だけの PDF データの交換は絶対に避けるべきです。途中ページを不利に差し替えられたりするリスクがありますので，全ページにイニシャル（各当事者の契約担当者が最終版であることを確認したイニシャ

ル）を入れてもらい，全頁のファックスや PDF を電子データとして保管して
おく必要があります。

Originals

This Agreement may be executed in two (2) originals, each of which,
when executed and delivered, shall be deemed an original, but all of
which shall constitute one and the same instrument. Delivery of an
executed original by facsimile transmission or by e-mail delivery in
portable document format (PDF) shall be equally effective as delivery
of a manually executed original thereof. Any party delivering an
executed original of this Agreement by facsimile or PDF shall also
deliver one (1) manually executed original thereof, but failure to do so
shall not affect the validity, enforceability or binding effect of this
Agreement.

契約書の原本

　本契約は，２通の原本を締結することができ，それぞれが締結され配布
された時点で原本とみなされるが，そのすべてが１つの同じ文書を構成す
る。ファクシミリ送信又はポータブル・ドキュメント・フォーマット
（PDF）による電子メール送信により締結された原本の引渡しは，そのマ
ニュアルで締結された原本の配布と同等に有効であることとする。ファク
シミリマニュアルで実行したものを引き渡さなければならないが，そうし
ないことは，本契約の有効性，執行可能性又は法的拘束力に影響しない。

---

(3)　競業避止義務条項

　NDA の段階で，受領当事者が競争相手にならないように，くさびを打って
おくために，以下のように，「競業避止義務条項」を設けて，規定される場合
があります。

【例１】　競業避止義務条項

The Receiving Party of the Confidential Information, shall not by itself,
nor shall not cause anyone to, conduct any business which is similar or

identical with the Transactions, using such Confidential Information,
whether during or after the term of this Agreement.

　受領当事者は，本契約の期間若しくは終了後を問わず，自己又は第三者
をして，秘密情報を用いて，本件取引と同一又は類似の事業を行ってはな
らない。

　これは，NDA の段階で競業の取引制限を行う意図の規定であり，どちらの
当事者にメリットがあるかも検討すべきです。一般論として，NDA の期間中
であれば，合理的と考えることもできますが，NDA 期間満了後の制限は，そ
の後の競業の取引制限を意図しており，不合理です。「NDA 期間満了後」の
制限は外してもらい，本契約期間中に限定してもらうことが一般に合理的です。
他方，下記規定は NDA 期間終了後 6 カ月間について制限していますが，
NDA 期間終了後 6 カ月間であれば，合理的な制限と考えることもできます。

【例 2 】　競争品取扱禁止規定

No Competitive Products
During the term of this Agreement and during a period of 6 months
after its expiration or termination for any reason, the Partner shall not
(directly or indirectly) enter into any arrangement with any third party
relating to the marketing or development of any products or services
which compete, directly or indirectly, with any of the products and
services of the Company.

競争品の取扱禁止

　この契約の期間中，および何らかの理由で有効期限が切れた後，又は終
了してから 6 か月間，パートナー企業は，（直接的又は間接的に）会社の
製品及びサービスのいずれかと直接的又は間接的に競合する，製品又は
サービスのマーケティング又は開発に関連する第三者との取り決めを（直
接的又は間接的に）してはならない。

【例3】 競争品取扱禁止規定（競争事業を明記して禁止期間を本契約期間中に限定する規定）

Non-competition

During the term of this Agreement, the Partner shall not (directly or indirectly) enter into any arrangement with any third party relating to the marketing or development of any products or services which compete with the Company's Business. "Company's Business" shall mean the technologies for xxxx.

競業避止

　この契約の期間中，及び何らかの理由で有効期限が切れた後，パートナー企業は，（直接的又は間接的に）会社の事業と直接的又は間接的に競合する，製品又はサービスのマーケティング又は開発に関連する第三者との取り決めを（直接的又は間接的に）してはならない。会社の事業とは，xxxx の技術を意味する。

競争事業を具体的に記載して後日の争いを防ぐ表現が含まれています。

【例4】 上記【例3】に対して，現在取り扱っている競争製品を除外してもらい，Partner として受け入れることができるとする修正版は以下のとおりです。

Non-competition

To the maximum extent permitted under any applicable law, without consent by the Company, during the term of this Agreement and during a period of 3 months after its expiration or termination for any reason, the Partner shall not (directly or indirectly) enter into any arrangement with any third party relating to the marketing or development of any products or services which compete with the Company's Business. "Company's Business" shall mean the technologies for xxxx, except for such products of YYY, Inc., which the Partner currently markets and sells.

競業避止

　適用法令で許容される範囲で，会社の同意なくして，この契約の期間中，及び何らかの理由で有効期限が切れた後，又は終了してから6か月間，パートナー企業は，（直接的又は間接的に）会社の事業と直接的又は間接的に競合する，製品又はサービスのマーケティング又は開発に関連する第三者との取り決めを（直接的又は間接的に）してはならない。会社の事業とは，xxxx の技術を意味する。ただし，パートナー会社が現在の市場開拓・マーケティングを行う YYY, Inc. の製品を除くものとする。

　現在，取り扱っている競争製品を除外してもらっていますので，パートナーとしては受入可能となっています。

Non-Competition

Consultant agrees that during the term of this Agreement, and for one year thereafter, that none of its employees, consultants or contractors may engage in competition with the Company, and will not engage in any business activity involving the same or similar duties and/or responsibilities with any of the Company Customers that Consultant has been involved with during the term of this Agreement, and irrespective of whether such involvement was direct or indirect.

競業避止

　コンサルタントは，本契約の期間中及び終了後1年間にわたり，コンサルタントの従業員，コンサルタント又は請負業者が会社との競業に従事せず，さらに，本契約の期間中であり，関与が直接的か間接的かは問わず，コンサルタントが関与した会社の顧客と同一若しくは類似した職務及び職責若しくはそのいずれかを含む事業活動に従事しないことに同意する。

　従業員やコンサルタント個人の競業を制限する規定です。

⑷ 従業員誓約書に含まれる条項

従業員の企業秘密漏洩行為から，自社の企業秘密を守る，あるいは，他社からの企業秘密不正取得の訴訟を回避するために，以下のような条項が「従業員誓約書」に含まれることが多くなっています。

【例1】 従業員の退職時に自社の企業秘密が競合会社へ漏洩させないための規定

Non-Compete

Signator agrees not to engage in any activity that is competitive with any activity of Company during the course of their relationship and for a period of ＿＿＿＿＿＿ after termination of the Agreement. For purposes of this paragraph, competitive activity encompasses forming or making plans to form a business entity that may be deemed to be competitive with any business of Company. This does not prevent Signator from seeking or obtaining employment or other forms of business relationships with a competitor after termination of employment with Company so long as such competitor was in existence prior to the termination of relationship with Company and Signator was in no way involved with the organization or formation of such competitor.

競争の禁止

署名者は，関係の継続する期間において，及び契約の終了後の＿＿カ月の期間，会社のいかなる活動とも競合するいかなる活動にも従事しないことに同意する。このパラグラフの目的において，競争的活動とは，会社のあらゆる事業と競争的であると見なされる可能性のある事業体を組織するための計画の形成又は作成を含む。これは，会社との関係が終了する前にそのような競合他社が存在し，署名者がそのような競争相手の組織又は形成に一切関与していない限り，会社との雇用関係の終了後に競合他社との雇用またはその他の形態のビジネス関係を求めたり取得したりすることを妨げるものではない。

【例2】　前雇用主の秘密情報

　従業員採用時に，競合会社の社員を雇用する場合の誓約書に含まれる条項です。従業員の前職競争他社の営業秘密漏洩行為について，他社からの営業秘密不正取得の訴訟を回避するために，以下のような条項を「従業員誓約書」規定することで，あらぬ疑いを避けることができます。

Former Employer Confidential Information

I agree that I will not use or disclose any confidential information or trade secrets of any former or current employer and that I will not bring on the premises of the Company any confidential information belonging to any such employer unless consented to in writing by such employer.

雇用主の秘密情報

　私は，私の現在又は過去の雇用主が排他的権利を有する秘密情報又は営業秘密を使用したり，開示したりしないこと，また，当該雇用主の書面同意を得た場合を除き，当該雇用主に帰属する秘密情報を会社内へ持ち込まないことに同意する。

　携帯電話会社におけるデータ不正開示が目新しい事例としてあります。2021年1月に新規参入の携帯電話会社へ大手携帯電話会社から転職した男が，不正競争防止法違反容疑（高速・大容量通信規格「5G」の基地局に関する「営業秘密」データを前職から不正に持ち出した疑い）で逮捕されました。

　このような，前職からの営業秘密の「持ち出し」や，転職先への営業秘密の「持ち込み」は，いずれも不正競争防止法違反になりますので，未然に防止するために，中途採用時にこのような誓約書を取っておく必要があります。

3 NDA をめぐる実務問題

(1) 成果物の権利関係は覚書で確認

　成果物が出てきそうになった段階で，権利関係を確認する覚書を交わしておくべきです。NDA を締結した後で，秘密情報を当事者間で交換して取引の実現可能性を検討するにあたって発生する可能性のある成果物に対しては，覚書などで権利関係を明確にします。

　一般に，次のような知的財産権（intellectual property rights ＝ IPR）が帰属する可能性が出てきます。とりわけ，特許，意匠，著作権，営業秘密が対象となり得ます。

- 特許権（utility patents）＝自然法則を利用した高度な発明を保護する（3 つの発明＝物，方法，生産方法）主にハードウェアに関する発明が多いが，情報処理の方法などは，ビジネス方法特許として権利化が可能である。
- 実用新案権（utility model rights）＝ミニ特許（物の構造・組み合わせ）
- 意匠権（design patents rights）＝物品の形状，模様若しくは色彩又はこれらの結合であって視覚を通じて美感を起こさせるもの
- 商標権（trademarks）＝商品・サービスに使用する文字・図形・記号・立体的形状・色彩（他の商品・サービスと識別するため）
- 著作権（copyrights）＝プログラムの著作物，データベースの著作物などの著作物（思想・感情の創作的な表現）を保護する
- ノウハウ・技術情報など営業秘密（trade secrets）＝不正競争防止法により不正所得・開示・使用を禁止する

【知的財産の帰属の原則ルール】＝秘密情報の開示者がその知的財産権を保有する

Intellectual Property Rights:

Receiving Party agrees that the copyright, patent, trademark, trade secret and all other intellectual property rights relating to the Confidential Information of the Disclosing Party shall belong to the Disclosing Party.

In the event the Disclosing Party discloses Confidential Information to the Receiving Party, unless otherwise agreed in writing between the parties hereto, the Disclosing Party does not grant any express or implied right to the Receiving Party to or under any patents, utility model rights, design rights, trademarks, copyrights, trade secrets and other intellectual property rights (collectively, "Intellectual Property Rights"). The Disclosing Party reserves its rights under Intellectual Property Rights.

The Receiving Party shall refrain from reverse engineering, decompiling or disassembling in connection with the Confidential Information disclosed by the Disclosing Party to the Receiving Party unless expressly permitted by applicable law.

知的財産権

　受領当事者は，開示当事者の秘密情報に関する著作権，特許，商標，トレードシークレット及びその他全ての知的財産権が開示当事者へ帰属することを同意する。

　開示者が受領者に秘密情報を開示する場合において，当事者間で書面により契約を締結するのでない限り，開示者は，開示者の秘密情報にかかる特許権，実用新案権，意匠権，商標権，著作権，営業秘密及びその他の知的財産権（以上の権利を併せて以下「知的財産権」という。）に関する出願，登録，実施等の権利を，明示であると黙示であるとを問わず，受領者に対して許諾するものではなく，開示者は，これら開示者の秘密情報にかかる知的財産権に関する権利を留保するものとする。

　受領者は，法令により明示に認められている場合を除き，開示者が開示した秘密情報に関して，リバースエンジニアニング，逆コンパイル又は逆アセンブルを行ってはならないものとする。

　上記の原則ルールは，とくに記載がなくても一般の知的財産関連法により補充されて適用されますので，上記の原則ルールと異なる合意をしたい場合には，NDAか覚書の書面などで以下のように確認をしておく必要があります。

【不平等条項】 交渉力を有する当事者に帰属するとする条項（すべての知財は当事者Aに帰属）

> Any invention, discovery or improvement in reliance on the disclosed Confidential Information made during the term of this Agreement shall belong exclusively to Party A.
>
> 本契約期間中に開示された秘密情報に依拠しておいて行われた，あらゆる発明，考案等についての産業財産権を受ける権利は，排他的に当事者Aに帰属する。

大手企業のベンダー候補として，プレゼンテーションや情報提供を行う場合に，上記のような「開示された秘密情報の知的財産権が開示者ではなく，すべて一方当事者に帰属するとする一方的な規定」が提示されて署名させられる（署名しないとベンダー入札に参加できない）こともあるので注意を要します。

【開示された秘密情報の知的財産権が開示者ではなく，すべて一方当事者に帰属するとする一方的な規定】 最初に開示者（A）の秘密情報の知財は，開示者に帰属すると述べながら，B社の秘密情報の知財はAに帰属するとしており，結局すべての知財はAに帰属しますので，B不利，A有利な規定です。

> Intellectual Property Rights:
>
> Receiving Party agrees that the copyright, patent, trademark, trade secret and all other intellectual property rights relating to the Confidential Information of the Disclosing Party shall belong to the Disclosing Party; provided Party B agrees that the copyright, patent, trademark, trade secret and all other intellectual property rights relating to the Confidential Information of Party B shall belong to the Party A.
>
> 知的財産権
>
> 受領当事者は，開示当事者の秘密情報に関する著作権，特許，商標，トレードシークレット及びその他全ての知的財産権が開示当事者へ帰属することに同意する。但し，当事者Bは，当事者Bの秘密情報に関する著作権，特許，商標，トレードシークレット及びその他全ての知的財産権が当事者

> Ａへ帰属することに同意する

　ただし，上記２つの条項は，交渉力で優位に立っている当事者Ａが当事者Ｂに対して上記条項を無理やり同意させた事情が認定されれば，独禁法上の「不公正取引」のうち，「優越的地位の濫用」や「拘束条件付き取引」に該当する可能性があり，民法90条の公序良俗違反＝無効となる可能性があります。

(2)　万能ではない NDA

　下表のように NDA の弱点があり万能ではありませんので，企業対応は以下のように考えるべきでしょう。

〔NDA 神話の崩壊と企業対応〕

NDA の弱点	具　体　的　説　明	企業対応
(1)　特定の秘密情報が相手方へ開示されたという記録がない場合が多い	第一に，特定の秘密情報がいつ誰から誰へどのような方法で相手方企業へ開示されたのか，きちんと記録が残されていない場合が多いようです。これが立証できないと訴訟になりません。	開示した秘密情報を特定するため受領証を受け取る，又は添付メールで送付するようにします。
(2)　漏洩の事実を証明できるか	第二に，契約違反の証明は，あくまで漏洩や不正取得の事実が証明できて意味があります。つまり，漏洩や不正取得の事実が証明できない場合には，残念ながら訴訟には勝てません。たとえば，特定の技術ノウハウが具体的にどのルートでどのような方法で開示・不正取得されたのかを証拠を以って証明しなければなりません。これは言うはまさに「言うは易く行うは難し」といえるでしょう。	改正不正競争防止法では，ものの生産方法のノウハウについては，立証責任を被告（加害者）へ転換し，被告が別の方法で同じ物を生産できることを証明できない限り，原告が勝訴できるようにします。いわゆる「立証責任の転換」が規定されました。生産方法以外のノウハウについては，依然として原告（被害者）の証明が必要です。

(3) 漏洩された場合の法的な救済（損害賠償）や罰則は十分か	第三に，漏洩された場合に法的な救済（損害賠償）や罰則は十分に受けられるかどうかという問題があります。つまり，ある特定の秘密情報が漏洩されて利用された場合に，それによってどのような損害が具体的に発生したか。その証明は非常に難しいものです。たとえば，ある技術ノウハウが不正に取得されて使用されて新製品が開発され販売されたとしましょう。その場合に，その新製品のどの部分にその技術ノウハウが使用されたのか，それが証明できたとしても，その金銭的評価は困難を極めます。特許など権利範囲が明確なケースと異なり，範囲がより不明確である技術ノウハウの場合は，その価値評価は非常に難しいでしょう。法的措置，つまり裁判や訴訟の世界では，損害が立証できなければ訴訟で勝つことは不可能です。道義的な非難だけでは裁判に勝てません。	損害賠償の予約（ペナルティー規定）は意味があるでしょう。次頁(3)参照
(4) 相手方会社の社員まで管理し切れない	第四に，NDA は企業間の契約であることが多く，直接個人である社員が当事者になることは，会社と社員との間の NDA を除いては少ないでしょう。企業間の契約であるということは，万一契約違反があっても会社が責任を負うことになるが，秘密情報を具体的に取り扱う社員個人に対しては，NDA 違反の責任を追及することができず，その帰属する受領会社に対してしか，NDA 違反の責任を追及できません。直接当該社員と NDA が締結されていないからです。そこで，漏洩された開示会社が直接当該社員に責任追及をすることができるために，重要な企業秘密を開示する場合には，会社間の NDA の締結に加えて，できるだけ当該社員と NDA を直接締結すべきです。	秘密保持契約書（誓約書）を取扱い。社員と締結すべきか
(5) 基本的な姿勢	NDA を締結したから安心と思い，出さなくてよい営業秘密まで開示してしまう。	秘密情報は出し惜しみすべき

　上記のほか，実務上の運用において，NDA を最大限活用するために，以下のケースに留意して下さい。

- 口頭開示された秘密情報について，書面通知要件が課されておらず，事後の特定がなされずにその範囲が不明確となったため，受領者が過大な守秘義務を負うケース
- NDAを締結したため，あらゆる情報を交換するようになったが，NDAで定義する「秘密情報」の要件（「秘密」の明示が必要）を満たさないがために，結局保護されないケース
- 開示目的が不明確であるために，当事者が意図していた目的を超えて秘密情報が利用されてしまうケース
- 過去にNDAが締結されているからといって，秘密情報の交換を継続したが，当時のNDAとは目的が異なったり，有効期間が切れていたりしたケース

(3)　ペナルティー（損害賠償の予定，違約金）規定について

　ペナルティー（損害賠償の予定，違約金）について定める条項の具体例を示します。

Compensation for the damages

If the receiver or a third party who receives the disclosure of confidential information from the receiver violates the confidentiality obligation stipulated in this Agreement, the discloser shall have a right to injunct such violation and seek the receiver and such third party to compensate for the damages caused by it, and the receiver shall be liable to pay JPY 1mil. as a liquidated damages to the discloser.

損害賠償

　開示者は，受領者又は受領者から秘密情報の開示を受けた第三者が本契約に定める秘密保持義務に違反した場合，当該違反行為の差止め及びそれにより被った損害の賠償を請求することができ，さらに，受領者は違約金として100万円を受領者及び当該第三者に対して支払わなければならない。

　ただし，NDA違反で問題となるのは間接損害が多くなっていますので，開示者側にとっては上限を設けないほうがベターであるので，損害賠償規定を上

限を設けずに厳しくすると，反対に秘密情報の受領者としての義務が厳しくなりますので，いわゆる「諸刃の剣」になりうることに注意してください。以下は損害賠償責任に上限を設ける（双方にメリット）規定です。

> Compensation for the damages
> If the receiver or a third party who receives the disclosure of confidential information from the receiver violates the confidentiality obligation stipulated in this Agreement, the discloser shall have a right to injunct such violation and seek the receiver and such third party to compensate for the damages caused by it, <u>subject to the maximum amount of JPY 1mil.</u>
>
> 損害賠償
> 　開示者は，被開示者または被開示者から秘密情報の開示を受けた第三者が本契約に定める秘密保持義務に違反した場合，当該違反行為の差止め及びそれにより被った損害の賠償を被開示者及び当該第三者に対して請求することができる。<u>但し，当該損害賠償金額は，100万円を上限とする。</u>

⑷　正式契約（取引契約）への移行と過去の NDA の取扱い

　正式契約（取引契約）へ移行するときに，過去に締結した NDA の扱いについて，どうすべきかが重要です。つまり，最初の交渉の時点では，詳細な NDA を締結しておきながら，取引が成約して，正式契約に移行した途端に，シンプルな一般条項で済まされてしまうことが多いからです。もちろん，正式契約へ移行して以降も，重要な秘密情報については，その都度 NDA を締結していれば問題はありませんが，そうではなく，当初の NDA は商談成立までを射程に入れているにすぎないのに，正式契約では以下のようにシンプルな一般条項で済まされてしまうことが多いからです。

> Article X Confidentiality
> X and Y shall not disclose nor divulge, to a third party, the Confidential Information and/or Personal Data known to the Receiving Party during the term of this Agreement, without the prior written consent of the

Disclosing Party.

2．The preceding paragraph shall remain valid after the termination of this Agreement.

3．X and Y shall be responsible for compensating the damages incurred by the Disclosing Party or any third party, which may arise from the breach of this Article by divulging the Confidential Information and/or Personal Data.

第X条　守秘義務

1．甲及び乙は，本契約期間中に知り得た相手方の秘密情報若しくは個人情報を相手方の事前の書面承諾なく，第三者に開示又は漏洩してはならない。

2．前項の規定は，本契約終了後も有効に存続する。

3．甲又は乙が本条に違反したことにより，秘密情報若しくは個人情報が漏洩し，相手方又は第三者に損害が生じた場合は，違反した当事者はその損害を賠償しなければならないものとする。

　その実務上の対応についてですが，どの方法によるとしても，守秘義務期間などの条件の一貫性が重要です。以下の3つの方法が考えられますので，検討してみてください。

　第一に取引契約書に，シンプル・最低限の「一般条項（上記のような条項）」を保険の意味で残すことに留める方法です。取引契約書のNDA規定は簡潔なままでも，もし重要な秘密情報を相手方へ開示する（例えば新製品情報，価格リスト，製品の詳細な技術仕様書など）場合には，その必要性が出てきてから，改めてNDAを締結することで対応します。

　第二に，(i)過去締結されて失効している旧NDAを活かして効力を継続する覚書を別途締結する，あるいは，(ii)過去締結されて失効している旧NDAを活かして取引契約の条項に含めて合意する方法（下記条項例参照）があります。

Article X Confidentiality

X and Y hereby agree to effectively integrate, into this Agreement, all the provisions of NDA executed on [Date] between the Parties

("Previous NDA"), after having changed as follows:

① Purpose: ○○○

② Term: Same as Previous NDA

第○条　秘密保持義務

　［Date］付けでX社Y社間で締結した秘密保持契約書（旧NDA）について，下記への変更を行った上で，本契約に有効に組み入れることを当事者は合意する。

① 目的：○○○

② 期間：旧NDAと同じとする

　第三は，取引契約書のNDAとして，上記一般条項より，単独NDAレベルと同等の詳細で具体的な規定を設ける方法です。LOIでも「守秘義務条項」については，対象プロジェクトの高度な機密性を考えて，このレベルの詳細な「守秘義務条項」が含まれることが多いです。また，最近の傾向として，正式な取引契約書に数ページの詳細なNDA条項が記載されることが多くなりました。

Article XX Confidentiality

(1)　For the purpose of this Agreement, "Confidential Information" shall mean technical or business information and data made available by one party ("Disclosing Party") which is provided to the other party ("Receiving Party") in written, machine recognizable, oral, or visual form, including, without limitation, drawings, photographs, models and design or performance specifications, provided such information is clearly and conspicuously labeled "Confidential Information" or other equivalent legend.

XX条　秘密保持

(1)　本契約において，「秘密情報」とは，書面であるか，機械で読み取り可能な形であるか，口頭であるか，視覚的方法であるかを問わず，一方当事者から（「開示者」）他方当事者に対し（「受領者」）開示された技術若しくは営業に関する情報とデータをいい，図面・写真・模型・デザインや性能仕様書を含むが，それに限られない。かかる情報・データは明

確かつ顕著な形で「秘密情報」若しくは同等の説明書が貼付されている
必要がある。

⑵　Confidential Information may be disclosed only to the employees,
directors or consultants of Receiving Party having the need to know
basis.

⑵　秘密情報は，受領者の従業員，役員又はコンサルタントのうち知る必
　要のある者に限って公開される。

⑶　All Confidential Information of a Disclosing Party shall be
maintained in confidence by Receiving party, and shall not be disclosed
to any third party and shall be protected with the same degree of care
as Receiving Party normally uses in the protection of its own
confidential and proprietary information, but in no case with any less
degree than reasonable care.

⑶　開示者の全ての秘密情報は受領者によって秘密に保持されなければな
　らず，いかなる第三者に対しても公開されてはならず，又，受領者が通
　常自己の秘密情報を保護する際に使用するものと同程度の注意をもって
　保護されなければならないが，かかる注意の程度は合理的な注意の程度
　を下回ってはならない。

⑷　Notwithstanding the above stated obligations of restricted use and
confidentiality with respect to Confidential Information, Receiving Party
shall not be liable for disclosure or use of such Part of the information
which such Receiving Party can establish by tangible evidence:

（ⅰ）was in its possession or known to it prior to receipt from
　　Disclosing Party;

（ⅱ）is or becomes known to the public through disclosure in a printed
　　publication or in an issued patent without breach of any of Receiving
　　Party's obligation hereunder;

（ⅲ）is legitimately obtained by Receiving Party without a commitment
　　of confidentiality from a third party;

（ⅳ）was independently developed by Receiving Party if the person or persons developing same have not had access to Disclosing Party Information or have rightly obtained the information from a source other than Disclosing Party;

（ⅴ）is disclosed pursuant to judicial action or government regulations provided Receiving Party notifies Disclosing Part prior to such disclosure and cooperates with Disclosing Party in the event Disclosing Party elects to legally contest and avoid such disclosure.

⑷　秘密情報に関する使用制限と秘密管理に関する上述の義務にもかかわらず，受領者が有形の証拠により，以下のことを証明できた場合には，受領者はかかる情報公開又は使用に関して責任を負わない。

（ⅰ）開示者から受領する以前から保持し，又は知っていた情報

（ⅱ）受領者のいかなる義務にも違反することなく，刊行物又は公告済み特許の形式で公知の，又は公知に至った情報

（ⅲ）受領者が，第三者から秘密保持義務のない状態で正当に入手した情報

（ⅳ）受領者によって独自に開発された情報。ただし，開発を行ったものが開示者の情報にアクセスすることができなかったか，開示者とは異なる情報源から正当に入手したものである場合に限る。

（ⅴ）司法手続又は政府規制に従って公開された情報。ただし，受領者が開示者に対してかかる公開について事前に通知し，開示者が法的にかかる公開に異議を唱え，避けることを選択した場合に開示者に協力することを条件とする。

⑸　Receiving Party agrees that all Information and all the intellectual property rights relating thereto shall remain the property of Disclosing Party, and that Disclosing Party may use such Information and all the intellectual property rights relating thereto for any purpose without obligation to Receiving Party. Nothing contained herein shall be construed as granting or implying any transfer of rights to Receiving Party in the Information, or any patents or other intellectual property protecting or relating to the Information.

(5)　受領者は全ての本情報及びそれに関連する全ての知的財産権は開示者の財産であることに同意し，開示者は受領者に対して何らの義務を負わずに，いかなる目的でも当該本情報及びそれに関連する全ての知的財産権を使用することができることに同意する。本契約の締結によって，本情報に対する権利，又は本情報に関する若しくはそれを保護する特許，若しくは知的財産権の譲渡を受領者へ付与もしくは意味するものと解釈されてはならない。

(6)　Upon termination or expiry of this Agreement, Receiving Party shall cease to use the Confidential Information received from Disclosing Party and shall destroy all copies thereof then in its possession or control and furnish Disclosing Party with written certification of destruction.

Alternatively, at the request of Disclosing Party, Receiving Party shall return all such Confidential Information and any copies thereof to Disclosing Party.

(6)　本契約の解除・失効に際し，受領者は開示者から受領した秘密情報の使用を中止し，その時点で保持・管理している全ての複製物を廃棄したうえで，開示者に対して書面によってかかる廃棄の証明書を提供しなければならない。

代替として，開示者の要求により，受領者は全てのかかる秘密情報とその複製物を開示者に返還しなければならない。

(7)　Receiving Party shall retain in confidence Confidential Information for the period of ［three（3）］ years after termination or expiry of this Agreement.

(7)　受領者は，本契約の終了又は失効の後3年の期間，秘密情報を秘密に保持しなければならない。

秘密情報を開示する度に，新規の Full Fledge（完全な形の）の NDA（詳細な秘密情報〔営業秘密〕保護の契約条件を含む完全な NDA）を締結することもあります。

⑸　従業員の採用・退職への対応が重要

①　研究者・技術者との秘密保持契約の必要性

　会社の企業秘密・営業秘密が外部に流出する原因には，権限のない第三者の「故意による持ち出し」や退職した従業員による「職務上知り得た情報の利用」または，職務上知っているであろう情報を入手するためのヘッドハンティングなどがあり得ます。もちろんこれらの違法行為の場合には，会社の企業秘密・営業秘密として不正競争防止法により保護されている場合には，加害者に対して使用の差止請求や損害賠償請求ができますが，あくまで事後的救済に過ぎず，いったん流出してしまった会社の企業秘密・営業秘密によりこうむる損害は計り知れません。したがって，できる限り事前の防衛策を講じることが企業の経営者としての責任であることはもちろん，放置することにより，会社の企業秘密・営業秘密が不正に使用・取得されて会社に大きな損害が発生した場合には，株主代表訴訟などにより責任を追及されることになるでしょう。

　会社と役員・従業員との間には，（役員の場合は）委任契約や（従業員の場合は）就業規則・雇用契約から企業秘密を守る義務が契約上発生することはありますが，何が秘密であるか，秘密の管理をどのように行うかを決めておかないと役員・従業員には具体的な法的義務が発生しません。そこで，会社と役員・従業員（とりわけ，研究者や技術者）との間には，秘密保持契約書の締結が必要となってくるのです。

　しかしながら，NDAは前述（35頁）のように法的に必ずしも万能ではありません。したがって，NDAを実務で効果的に活用するためには，NDAの法的な限界を認識した上で，自社の秘密情報を必要最低限の範囲の社員へ必要最低限の範囲で開示することが重要となってきます。つまり，「社員だからみんなで，広い範囲の秘密情報を共有すべきである」といった古い考え方を改める必要があります。つまり，「社員のうち最低限その秘密情報を知るべき者のみが必要な範囲で知るべきである」という考えに改めるべきです。

②　注意点とチェックポイント

　会社と役員・従業員との間で締結する「秘密保持契約書」の雛形には多くの種類がありますが，以下に典型的なものを挙げてみましょう。

秘密保持契約書

　株式会社【会社名】（以下，「甲」という。）と【役員・社員氏名】（以下，「乙」という。）とは，乙が甲における職務上知り得た情報の秘密保持に関し，以下の通り秘密保持契約（以下，「本契約」という。）を締結する。

第１条（目的）
　　本契約は，甲が乙に対し，甲における乙の職務の遂行のために開示する情報の乙による機密保持について定めることを目的とする。

第２条（秘密情報）
　　本契約において「秘密情報」とは，本契約の有効期間中に甲が乙に対し開示する情報（以下，「情報」という。）のうち，次の各号の一に該当するものをいう。
　⑴　甲が書面その他の有形的方法（電子ファイル，電子メール及びファクシミリを含む）により開示する情報であって，甲により秘密である旨が表示されたもの。
　⑵　甲が口頭，プロジェクター等の無形的方法により開示する情報であって，開示時に秘密である旨を乙に通知し，かつ，かかる開示後10日以内に当該情報の内容を書面にした上，当該書面において秘密である旨を表示して乙に提供したもの。ただし，この場合には，開示時より秘密情報とみなされるものとする。

第３条（秘密保持義務）
　　甲から開示された秘密情報を乙は，善良なる管理者の注意をもって管理し，秘密情報を知る必要がある甲の役員・従業員，職務上秘密を保持する義務を負う弁護士等以外のいかなる第三者に対しても開示又は漏洩してはならない。

第4条（目的外使用の禁止等）

　　乙は，甲の秘密情報を，乙の甲における職務を遂行する目的以外のために一切使用してはならない。

第5条（退職時の廃棄又は返却）

　　乙は，退職後30日以内に，甲の秘密情報及びそれらの複製物を，相手方の指示に従い，廃棄又は返却しなければならない。

第6条（有効期限）

　　本契約の有効期間は，乙の退職後も有効とする。

第7条（秘密情報の帰属）

　　全ての秘密情報は，甲に帰属するものとし，甲は，乙に対する秘密情報の開示により，商標，特許，著作権，及び他のいかなる知的財産権に基づく権利も，黙示的であると否とを問わず，乙に対して許諾したとみなされない。

第8条（契約終了後の処置）

　　第3条乃至第5条，第8条は，乙の退職後も有効に存続する。

第9条（合意管轄）

　　甲及び乙は，本契約に関する甲乙間の紛争について訴訟の必要が生じた場合は，その訴額に応じて東京簡易裁判所又は東京地方裁判所を第一審の専属的合意管轄裁判所とすることに合意する。

第10条（協議）

　　本契約に定めのない事項又は本契約中疑義の生じた事項については，甲乙別途協議の上決定する。

　　本契約締結の証として本書2通を作成し，甲乙記名捺印の上各1通を保

有する。

令和　　年　月　日

甲：　　　　　　　　　㊞

乙：　　　　　　　　　㊞

③　研究者・技術者との契約

　多くの企業では，雇用契約書や就業規則で，社員の秘密保持義務や兼業禁止，競争他社への転職の禁止が規定されています。前記のような，「秘密保持契約書」の締結まで社員や役員に要求することが，抵抗が多く非常に難しく現実的ではないかもしれないとしても，最低限「秘密保持誓約書」に署名して提出させることは必須です。とくに，技術部門の社員については，入社時と退社時に別途，秘密保持誓約書を締結させることが必要です。

　さらに，入社時と退社時の一般的な秘密保持誓約書の締結に加えて，特定のプロジェクトに参加する社員に対して，秘密保持誓約書を締結することも重要です。対象となる社員は，契約社員やパート社員も含むことは当然ですが，もちろん，派遣社員が秘密情報を扱う場合も増えているので，派遣会社と秘密保持契約を締結することも必要となります。この場合には，派遣社員個人とも秘密保持誓約書を締結します。

　秘密保持誓約書に加えて別契約で，あるいは，秘密保持誓約書の中で，競争他社への転職の禁止が規定されてるケースが増えています。社員の職業選択の自由を不当に奪うことができないという制約があるので，期間的な制限（一般的には6カ月〜1年が合理的とされています），地理的範囲の制限（営業職の場合に同じ担当テリトリー内での同種営業を禁止する場合）などに注意すべきですが，競争他社への転職禁止規定は，基本的には，退職社員に対して守らせるべきものです。昨今の有能な社員の無節操な引き抜きの活発化の状況を考えると，こうした手当ては当然に必要となってくるでしょう。

48

④ 場面別の書式例

社員秘密保持誓約書雛形【入社時】

○○○○○株式会社御中

（全役員・従業員（契約社員・派遣社員を含む）からの機密保持誓約書）

誓 約 書

　私は，貴社の在職中及び退職後5年間にわたり下記の事項を遵守することを誓約いたします。

記

①　貴社在職中に知り得た貴社及び貴社の顧客についての機密を保持します。この機密の中には，貴社在職中に知り得た個人情報を含みます。

②　万が一前号の規程に違反した場合には，懲戒解雇を含む厳しい処分を受けること，ならびに貴社に発生したあらゆる損害を賠償することに異存ありません。

③　貴社の退職時には，貴社退職時に職務遂行上の必要から交付を受けた業務上の資料及び貴社顧客から貴社が交付を受けた機密情報ならびにそれらの複製物の一切を貴社に返還及び削除し，何らこれらの機密情報を有しないことを約束します。

④　貴社の退職時には，貴社在職中に知り得た個人情報を記録した資料，電子ファイルは一切保有しないことを約束します。

⑤　貴社の退職後は，1年間に限り貴社の競争企業へ転職をしたり，事業に従事しないことを約束します。

以上

【入社・在職時】
　　令和　　年　月　日
住所
氏名（自署）　　　　　　　　　　　　　㊞
生年月日
配属部署・役職

社員秘密保持誓約書雛形【プロジェクト参加時】

○○○○○株式会社御中
（全役員・従業員（契約社員・派遣社員を含む）からの機密保持誓約書）

誓　約　書

　私は，本件プロジェクトへ参加するにあたり，貴社の在職中及び退職後5年間にわたり下記の事項を遵守することを誓約いたします。

記

①　貴社の本件プロジェクトへ参加することによって在職中に知り得た貴社及び貴社の顧客についての機密（技術情報及び営業秘密を含み，それに限られない）を保持します。この機密の中には，貴社在職中に知り得た個人情報を含みます。

②　万が一前号の規程に違反した場合には，懲戒解雇を含む厳しい処分を受けること，ならびに貴社に発生したあらゆる損害を賠償することに異存ありません。

③　貴社の退職時には，貴社退職時に職務遂行上の必要から交付を受けた業務上の資料及び貴社顧客から貴社が交付を受けた機密情報並びにそれらの複製物の一切を貴社に返還及び削除し，何らこれらの機密情報を有しないことを約束します。

④　貴社の退職時には，貴社在職中に知り得た個人情報を記録した資料，電子ファイルは一切保有しないことを約束します。

⑤　貴社の退職後は，1年間に限り貴社の競争企業へ転職したり，事業に従事しないことを約束します。

以上

令和　　年　月　日

住所 _____

氏名（自署）_____　㊞

所属部署・役職 _____

社員秘密保持誓約書雛形【退職時】

○○○○○株式会社御中

（全役員・従業員（契約社員・派遣社員を含む）からの機密保持誓約書）

誓　約　書

　私は，貴社の退職後5年間にわたり下記の事項を遵守することを誓約いたします。

記

①　貴社在職中に知り得た貴社及び貴社の顧客についての機密を保持します。この機密の中には，貴社在職中知り得た個人情報を含みます。

②　貴社の退職時には，貴社退職時に職務遂行上の必要から交付を受けた業務上の資料及び貴社顧客から貴社が交付を受けた機密情報ならびにそれらの複製物の一切を貴社に返還及び削除し，何らこれらの機密情報を有しないことを約束します。

③　貴社の退職時には，貴社在職中に知り得た個人情報を記録した資料，電子ファイルは一切保有しないことを約束します。

④　貴社の退職後は，1年間に限り貴社の競争企業へ転職をしたり，事業に従事しないことを約束します。

⑤　万が一前号の規程に違反した場合には，貴社に発生したあらゆる損害を賠償すること（違約金として退職金相当分を支払うこと）を約束します。

以上

【退職時】

令和　　年　月　日

住所

氏名（自署）　　　　　　　　　　　　　　㊞

所属部署・役職

⑤　研究者・技術者への労働倫理教育

　研究者や技術者などとくに高度な秘密情報に接する機会の多い職種については，高リスク社員として社内教育や日常の秘密情報管理や社員管理を厳格にすべきです。高リスク社員に対しては，とにかく日頃の効果的な教育が重要になってきますが，単なる研修会ではあまり意味がありません。抑止効果が高まるような工夫をすべきです。

　たとえば，秘密情報の意図的な漏洩行為は犯罪行為であり禁止されるべきことや，良い待遇を求めての安易な転職は結局は本人が損をするなどの具体的な体験談を研修会で紹介することにより「明日は我が身」と認識させる工夫が必要です。

(6)　営業秘密の法的保護戦略（チェックリスト10か条）

　企業が厳重に管理すべき秘密情報に該当するものとしては，事業計画，販売・マーケティング計画，製品製造のノウハウ，顧客リストなどの営業秘密や社員情報，その他企業が秘密として管理している情報のすべてを指します。つ

まり，社外に漏れてしまうことにより，その企業に損害が発生するような重要な秘密情報がそれにあたります。こうした営業秘密は，日本では不正競争防止法により保護されています。

　ただし，企業が考える「営業秘密」がすべて不正競争防止法で保護される訳ではなく，不正競争防止法で保護される営業秘密に該当するためには，3つの要件を満たす必要があります（前述❶(2)参照）。

〔企業営業秘密管理チェックリスト10か条〕

• 下記のチェックリストで最も重要な項目は「経営者の意識」です。経営者の意識が高くないと何をやっても会社の対応は形式的になってしまうでしょう。

分　　類	10のチェック項目	確認
(1)　一元管理	1．社内で保有する営業秘密は，統一した基準に従って一元管理されているか	
(2)　分別管理	2．自社の営業秘密と他社から開示された営業秘密を分別管理しているか	
(3)　NDA管理	3．NDAの法的保護の限界を理解した上でNDAを利用しているか	
(4)　委託先管理	4．特別な事情のない限り3次委託，4次委託を認めないルールになっているか	
(5)　不自然なアプローチ対応	5．不自然なアプローチへの対応は，社内セミナーなど営業秘密保護教育で徹底されているか	
(6)　情報管理	6．協力企業の社員からのアクセスを制限しているか	
(7)　社員教育　現状把握	7．社内セミナーなど営業秘密保護教育は一方的なものではなく，双方向で質疑応答が活発に行われており，結果として社員から現場の問題点がきちんとフォローされているか	
(8)　監査	8．社内規程に基づいて社内の営業秘密保護が実施されているかどうかについて，モニター（監査）が定期的に（少なくとも6ヶ月ごとに）実施されているか	
(9)　社内規程の形骸化防止	9．社内規程の基準が抽象的であり，実施に例外が多く，社内規程が形骸化していないか	
(10)　経営者の意識	10．社長は，個人情報保護の重要性を本当に理解して，真剣に社内対応を検討しているか	

チェック項目数による簡易診断

0〜2	危険
3〜6	要注意
7〜	合格レベル

⑺　準拠法・紛争解決方法の選択・指定（一般論）

①　日本法への準拠は必ずしもベストではない

　国際契約書の交渉で必ずと言って良いほど，最後まで合意・決着せずに交渉ペンディングで残る契約条項は何でしょうか。おそらく，準拠法や紛争解決条項（裁判管轄や仲裁合意）でしょう。これらの準拠法や紛争解決条項の交渉にあたって，こちら側の担当者は，言語やアクセシビリティのみを念頭に置き，自国法と自国での紛争解決が最善と考えており，他方では，相手方もまた同じように自国法と自国での紛争解決が最善と考えており，双方が何故か譲らず平行線となり，最終的には，当事者どちらかの国ではなく，折衷案として第三国で決着とすることが散見されます。

　しかし，契約書を締結した後で実際に紛争になり，訴訟を開始して判断が出て，最終的に執行されて解決されたという経験に乏しい担当者も多く，現実に訴訟手続きが開始された場合に，具体的にどのような手続きがどのように進められて行き，最終的にどちらにメリット・デメリットがあるか，を具体的に想定・シミュレーションすることが非常に難しいのですが，発生する可能性の高い紛争（請求権）をイメージしてシミュレーションすることが非常に重要といえます。

②　紛争解決条項と準拠法との関係

　まずは，準拠法と裁判管轄や仲裁条項との関係をどのように考えるべきでしょうか？

　「準拠法」・「裁判管轄」・「仲裁」のそれぞれの関係について述べます。まず，準拠法とは，裁判や仲裁で紛争解決する場合に，契約を解釈するときの基準となる法律をどこにするかという問題です。契約の解釈において準拠すべき法律がどこの国の法律かを決めるものです。準拠法は契約書上で合意されていなくても裁判地や仲裁廷の国際私法（日本では「法の適用に関する通則法（以下，

通則法）」）が当該取引に最も密接な場所の法律を決定して適用してくれますが，契約当事者間で合意することができ，それを契約書上で合意しておけば，裁判所や仲裁廷は当事者間の合意した準拠法を尊重して解釈してくれます。

　そもそも，契約書の準拠法の指定は，すべての法分野についての指定ではありません。あくまで，契約の成立・有効性・解釈のルールに関する分野の準拠法指定です。その取引に適用されるべき，特許など知的財産法や独占禁止法など公法（強行法規）に優先して指定準拠法が適用される訳ではありません。

　準拠法と紛争解決条項（裁判管轄や仲裁合意）との関係（準拠法と裁判管轄合意の指定地が異なっていても実務上支障はないのかの点を含めて）について，図解でイメージすると下記のようになります。

準拠法	
裁判管轄	仲裁合意

　このように，「紛争解決方法（裁判か仲裁）」が下の位置に来ているのは，「紛争解決方法（裁判か仲裁）」が上にある「準拠法」のあり方へ影響を与える可能性があるという意味です。すなわち，紛争解決（裁判か仲裁）の手続きの中では，（裁判地と準拠法が同一の場合を除いて）基本的に，裁判廷や仲裁廷（例えば日本）で外国法（例えば米国法）に準拠して裁判等が行われる上で，提出された証拠の鑑定（正しいかどうか）の採否が行われます。そこで，裁判廷や仲裁廷がその外国法が正しいかどうかを判断できずに証拠として採用されない場合には，裁判地の法律を適用したり，仲裁廷が適切と考える法を準拠法として適用しながら判断をしてゆくようになるかもしれません。

　ところで，上記のように裁判管轄と指定準拠法の法域が異なる場合に，管轄裁判所は外国法の準拠法をどのように取り扱うのでしょうか。つまり，裁判所の職権で調査すべきものとして扱うのか，それとも，事実問題として証拠として扱うのだろうかとの問題です。

　日本では，形式的には前者としながらも，実務上は後者としています。筆者の実務経験からも，裁判所は外国法の鑑定を命じることが通例となっており，そのために当該外国法に詳しい学者に鑑定依頼を行うことになります。その結果，裁判所が鑑定結果を採用しても良いし，採用しない場合には，日本法を準拠法として解釈して行くことになるでしょう。

　この点から，準拠法の選択が裁判管轄により影響を受ける可能性があるので，準拠法の選択よりも，裁判管轄の選択のほうが重要であることがわかります。日本以外の他国の裁判手続きについては，今後の研究に委ねるしかありませんが，他国の裁判所においても類似の運用がなされていると考えるべきでしょう。

③　準拠法の指定についての実務戦略

　準拠法として指定する国の法律は，当事者のいずれかの国の法律でなくとも第三国を指定することも可能です。ただし，準拠法として指定する国の法律は，内容を容易に知り理解できるという理由から英米法系の法律にすべきでしょう。そこで英語でアクセスできる，英国法やアメリカ各州の法律，あるいはシンガポール法などが指定されるケースが多くなっています。

　すなわち，準拠法指定は，英語圏の先進国法が原則ですが，その理由として①英語で理解しやすいこと，②ビジネス法に関しては，日本国内においても社内外で知見を得やすいことから，それほどサプライズがないことが挙げられます。下記のイスラム法の場合には先進国と大きく異なる点が多くあります。

【要注意】　イスラム法の留意点（ここが大きく異なる）
- 支払いの遅延金利を不労所得として認めない（無効となる）
- 同様に違約金（Liquidated damages＝損害賠償の予定）を不労所得として認めない（無効となる）
- 損害賠償責任の上限の制限規定も認めない（無効となる）

　準拠法の合意がない場合には，国際私法（日本では「通則法」）が適用されます。具体的には，対象取引に最も密接な地（最密接地）の法律が適用されます。

　例えば，中国の企業と契約を締結する場合に，日本法を準拠法として提案したが承諾されませんでした。そこで，中国法ではなく，香港やシンガポールなどの第三国の法律を提案したいというようなこともありえます。それに対しては，香港やシンガポールなどは，第三国の法律ではありますが，他国の法律と比べると中国法に密接に関係していることから，中国での確定判決や仲裁判断の執行が他国法よりスムースであるといわれています。中国法とあまりに乖離

した法律を準拠法として指定すると執行されないリスクがありますが，比較的近いといわれる，香港やシンガポールなどの第三国の法律であればリスクは少ないでしょう。

④　紛争解決方法と選択肢

　裁判管轄と仲裁は，紛争になった際に解決する方法の選択肢になります。つまり，契約当事者間で紛争がおこった場合に裁判か仲裁のいずれを選択すべきかという二者択一になります。

　契約書上で裁判を選択すれば仲裁はできませんし，仲裁を選択すれば裁判はできません。お互いに排他的な関係にあるからです。

　裁判管轄はどの国や法域の裁判所を選択すべきかについては，一般的には，侵害や契約違反が発生している国で，しかも侵害当事者の資産が所在する国の裁判所でそのまま強制執行を行い，救済を受けることが最も時間的にも労力的にも効率的であるといえます。つまり必ずしも自国の裁判所が有利な訳ではないのです。

⑤　アメリカを裁判管轄にする場合

　アメリカの各州を裁判管轄に指定する場合には，結果的に，陪審裁判になり，外国企業が敗訴するリスクが大きいので，可能な限り，避けるべきです。

　アメリカの裁判所では，20米ドル（約2,100円）を超える民事裁判については，合衆国憲法により陪審裁判が保障されていますので，陪審裁判はいずれかの当事者が要求すれば陪審裁判になります。つまり日本側が反対しても陪審裁判になってしまいます。陪審裁判になりますと外国企業は偏見をもたれて敗訴する可能性が高くなりがちです。陪審裁判では外国企業が不利に扱われることが多いので（アップル対サムスン特許侵害訴訟が良い例），アメリカの各州を裁判管轄に指定すべきではないとされています。相手方の米国企業の強い要求によりアメリカで紛争解決したいという場合には，陪審裁判のリスクのない「仲裁」（アメリカの各州における，あるいは他国での）によるべきです。

⑥　裁判管轄の「専属的管轄 (exclusive jurisdiction)」と「非専属的管轄 (non-exclusive jurisdiction)」について

　英文契約書交渉の実務では，契約当事者が裁判管轄を専属的管轄（exclusive

jurisdiction）として選択している場合と，非専属的管轄（non-exclusive jurisdiction）として選択する場合，さらにはいずれかに定めておらず，管轄裁判所のみ合意しているものも多くみられます。

　専属的管轄は，契約当事者が当該契約に関して争う場合には，その特定の裁判所でのみ争うことができる（反対に，他の裁判所では争えない，他の裁判所での裁判権を放棄する）という趣旨であり，他方，非専属的管轄は，契約当事者が当該契約に関して争う場合には，その特定の裁判所で争うことに同意しているが，他の裁判所で争う権利は放棄していない，という趣旨です。

　裁判の場合に被告地主義のメリットが大きいといわれますが，その理由を説明します。これは，判決の執行の問題がないからです（自国の裁判所で勝訴判決を得ても相手方国でそのまま執行できない）。裁判の場合に，その裁判国以外の法律が準拠法とされる場合がありますが，それにより訴訟の遅延，鑑定等の費用増大という短所がありますので，先進国でビジネス法の分野であれば基本的には同じである場合が多いことを前提とすれば，被告地の法律を準拠法とする選択肢も検討に値します。

　では，紛争解決と準拠法の規定は結局どのようにするのが適切なのでしょうか。それについては一概には言えませんが，どのような紛争が発生するかのシミュレーションをした上で，当方が請求したり，されたりする際に，どこでどのような方法で紛争解決を行うべきかを総合的に検討すべきです。

　一般的には，仲裁合意であれば，判断が（ニューヨーク条約で）国際的な執行力を持つので，自国で（自国の準拠法で）行うことが適切とされる場合が多いでしょう。他方で，裁判の場合には，被告地主義（準拠法も含みます）を選択するのが適切とされる場合が多いでしょう。

　これまで見てきたように，仲裁合意でも，裁判管轄合意でも，当方が請求権を持つ場合には，準拠法は相手国の法律を選択することが結果的にこちら側に有利になるといえます。ただし，個別具体的な事例では判断が異なることもあるので，どのような請求が一方から他方に対して行われるかを具体的にシミュレーションしていただき，なにが最も適切であるか選択することになるでしょう。最低限いえることは，必ずしも自国がベストとは言えないことです。

【紛争解決・準拠法の選択の交渉の重要ポイント】

以下に交渉のポイントをまとめておこう。

1. 準拠法・裁判管轄は必ずしも自国のほうが有利とは限らない。裁判になる具体的事例を予想して，有利不利を判断するべき。
2. 準拠法の指定は，あくまで「契約の解釈」の準拠法の指定であること
3. 準拠法の指定により，あらゆる法律が指定できる訳ではない（特に強行法規や公法〔たとえば特許権の有効性〕は指定と関係なく適用法規が強制的に適用される）。
4. 準拠法の指定は，どちらかといえば当方が権利行使する立場の場合には，最終的な執行まで考えて，できるだけ現実に執行する相手方の法律もしくはそれに近い法律を準拠法として指定すべき（とくに中国やインドなどの新興国では重要）。
5. 紛争解決は，仲裁合意と裁判管轄（専属管轄〔exclusive jurisdiction〕と非専属管轄〔non-exclusive jurisdiction〕の選択を含み）のうちどちらに具体的なメリットがあるかどうか（及び仲裁地，裁判地を含む）を判断して慎重に決定するべき。
6. 一般に外国企業を差別する陪審裁判のリスクがあるので，アメリカ各州の裁判所を選択することは一般的には避けるべき。
7. 懲罰的損害賠償の責任が発生するので，そのリスクを避けるため，アメリカ各州法を準拠法として選択することは一般的には避けるべき。

⑻　NDA における準拠法，紛争解決方法の選択・指定

それでは，NDA における準拠法や紛争解決（裁判か仲裁）は，どのように考えれば良いのでしょうか。

NDA では，特定の場所における「裁判専属管轄」や「仲裁合意」をしないことが重要です。NDA 違反に対する救済で最も重要なポイントは，グローバルな展開をしている企業が多いので，どこの国で秘密保持義務違反の行為が行われるかわかりません。そのときに，迅速に差止命令をその管轄地の裁判所から取得することが重要です。これらの「裁判専属管轄」や「仲裁合意」が障害になってしまい，スムースに差止命令を得ることができなくなってしまい長期間を要するばかりでなく，最悪の場合には差止請求が否定されてしまう可能性があるからです。準拠法の指定をすることも避けるべきです。その国で救済を

求める場合でなければ，裁判国と相違する国の準拠法を指定することになり迅速な救済は期待できないでしょう。

　他方で，仲裁合意（東京で，日本商事仲裁協会規則に従い，英語で行う）を基本型として，差止や仮処分は侵害国の裁判所へ申し立てることができるとする方法もあります。この場合でも準拠法指定が侵害国法と異なる場合には，迅速に仮処分や差止命令を得るためには，やはり障害になってしまいますので，準拠法を合意しない方が良いでしょう。

LOI（予備的合意書）・覚書の基本

1　単なるレターではない LOI・覚書

⑴　中間合意書（LOI・覚書）の役割

　NDA を締結して秘密情報（営業秘密）を相互に開示してから，最終的な正式取引契約書の締結までのあいだには，現実には，数次に小さな合意が積み上げられて行き，最終合意となり最終契約書の調印となりますが，最終合意となり最終契約書の調印までに，「中間合意書」が必要となる場合があります。その理由や目的は様々ですが，例えば，企業買収で他社に優先して「独占交渉権」を確保したり，特定の企業との独占的な交渉を実現するためであったり，取締役会の承認（投資・人員確保）を得るためのツールであったり，契約交渉をスムーズに行うためのツールのために必要となるのです（則定隆男『契約成立とレター・オブ・インテント―契約成立過程におけるコミュニケーション』東京布井出版）。

⑵　中間合意書の戦略的活用―適切なタイミングで締結

　NDA だけで，正式取引契約書の締結までのあいだに，書面合意が何もなくても大丈夫でしょうか？　ある程度商談が進んで，一定の契約交渉上の「ポジション」（商談により積み上げてきた基本合意事項や約束）が得られた場合には，書面に残して置くなどの方法により，それを確保しておかなくても良いかという観点から，次のような問題意識が考えられます。①具体的な取引のイメージが出てきた場合にどうすべきか，②正式契約までの期間を NDA だけでトラブルなく進められるか，③すでに投資が発生している場合で，途中でプロジェクトが頓挫してしまったときに，投資の未回収などの問題は発生しないか，④事業提携の方向性を何も合意せずに，いきなり正式契約まで進めるのはリス

〔正式契約までの道のり〕

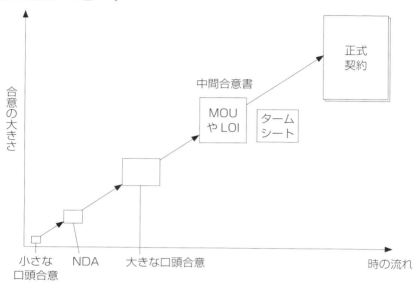

クがないか，⑤他方では，知的財産の成果物が出て来る場合にはどうしたら良いか，などの諸点です。

　これらの疑問点に対するひとつの適切な回答が適切な内容の「中間的な合意書」を締結しておくことです。つまり，「中間的な合意書」として，当事者間で一定の契約交渉上の「ポジション」（商談により積み上げてきた基本合意事項や約束）を守っておくために，必須のものとして効果を発揮する書面がいわゆる LOI（レター・オブ・インテント）・覚書（日英）であるといえるでしょう。

　履行が開始されて投資など負担が当事者に発生する可能性が非常に高い場合はもちろんのこと，共同プロジェクトの成果物が出て来そうな場合（NDA の段階で，秘密情報を交換する段階の場合でも，知財の成果物が出て来る場合があります。その場合には，知財の成果物が出て来た個別に当事者間で，各当事者の貢献度を考慮して，単独所有なのか，共有であるのか，について明確に合意しておくべきでしょう。）などの理由で必要性が出てきたら，議事録や電子メールで書面に残すか，新たな覚書（中間合意書）を締結すべきでしょう。とは言え，どこまでをいわゆる LOI・覚書（日英）で合意しておくべきかは次に

常に非常に重要な問題となります。

(3)　LOI と覚書の相違点

　正式契約書の締結までの，「中間合意書」である，「覚書（MOU ＝ Memorandum of Understanding)」・「レター・オブ・インテント（LOI ＝ Letter of Intent)」のタイトル（見出し）には，Memorandum や Letter of Intent の他に，以下のような実に多くの種類があります。

- Memorandum of Understanding（MOU）　覚書
- Memorandum of Agreement　合意覚書
- Letter Agreement　レターアグリーメント
- Letter of Understanding　基本覚書
- Agreement in Principle　原則合意書
- Memorandum of Intent　趣意書
- Comfort Letter　カムフォート・レター
- Commitment Letter　確約レター
- Interim Agreement　中間合意書
- Preliminary Agreement　暫定合意書

　しかし，タイトル（見出し）は，あくまで形式的なものであり，法律的な効力としては，裁判所は，中身（内容）で何が当事者間で合意されているかについての当事者の意思を解釈することにより，法的な拘束力や契約合意の内容についての判断をして行くことになります。本書では，以降は，「中間合意書」と呼ぶことにします。

(4)　中間合意書の形式

中間合意書には以下の形式があります。
① 　（通常の契約書と同じように）当事者が互いに署名する形式，
② 　レター形式（一方当事者がレター形式で他方当事者へ申し込みの形で送付して，他方当事者がそれに対して署名・同意することにより締結される形式です）
③ 　主に買手が一方的に売手へ書類を送付する差入形式（買手が購入の意思を一方的にコミットする形式です。例えば，買主による購入の意向を示す

「内示書」といった意味合いの書面です。)

(5) 中間合意書の目的・機能

中間合意書の目的・機能を列挙すると以下のものがあります。もちろん，複数の目的・機能を意図する場合もあります。

① 取締役会の承認
② 投資の承認（人材の雇用，設備投資，出資など）
③ 独占交渉権の付与
④ 当事者の（初期投資や運転資金の）融資獲得のため
⑤ プロジェクトの進行や契約交渉を早く進めるために用意する「中間合意書」
⑥ 取引の内示

以下の⑦⑧⑨の機能はすべての類型のLOIに付随する機能です。

⑦ プレスリリース目的
⑧ 口頭の約束を簡潔な書面でまとめておく
⑨ 契約交渉のスタートポイントとしてのLOI

【コラム】 筆者が作成した「記憶に残るLOI」

マレーシア・マハティール首相（1997年当時）がWitness（立会人）として私がドラフトしたLetter of Intentに署名したことが記憶に残っています。ただし，プレスリリース目的でしたので，項目だけで中身のない形式的なLetter of Intentに過ぎませんでした。

そうしたLOIの具体的なイメージについては，後述の目次（項目）だけのシンプルなもの（極端な例　本書123頁）を参照してください。

〔中間合意書の形式〕

Letter of Intent

Date
Company A　　Company B
Km　　　　*Kmakino*

双方署名する形式

Date

This Letter is intended ……
…….

If you agree, please
kindly Counter signbelow.
Sincerely,

Kmakino
Kazuo Makino
ogreed by
[Signature]
Company name : ＿＿＿＿＿＿
Title : ＿＿＿＿＿＿＿＿＿＿
Name : ＿＿＿＿＿＿＿＿＿＿

レター形式
（相手方の同意サインが必要な場合）

Date

This Letter is intended ……
…….

Sincerely,

Kmakino
Kazuo Makino

一方的レター
（差し入れ方式）

〔目的・機能〕

LOIの種類 （本書）	① 社内承認	② 投資承認	③ 独占交渉権	④ 融資獲得	⑤ 中間合意書	⑥ 内示
「販売店指名予定の覚書」				○		
「合弁事業の覚書」	○	○				
「企業・事業買収の覚書」 Purchase LOI-Business	○	○	○			
「プロジェクト実現可能性検討の覚書」（製造業の取引の例）	○	○			○	
商品購入覚書 Purchase LOI-Goods						○
ITサービス覚書 IT Service LOI						○
建設業界のLOI LOI in Construction						○

(6) 類型ごとの活用ポイント～ドラフト時の基本方針

　中間合意書のドラフトで重要な留意点は，最終的なゴールとして，締結すべき正式な「契約書」をイメージして，それに盛り込まれるべき基本的な契約条項のうち，現段階でどの範囲を盛り込むべきかを検討すべきでしょう。

中間合意書	最終的なゴールの契約書	備考
「業務提携の覚書」	業務提携基本契約書	
「業務提携中間合意書」 具体的な業務提携事業の内容が決まっていない場合	合弁事業契約書 供給契約書 ライセンス契約書 製造委託契約書 販売委託契約書 開発委託契約 販売総代理店契約 （ディストリビュータ契約）	
Purchase LOI-Goods	物品売買基本契約書	
LOI in Construction 建設業界のLOI　建設入札のLOI	建設請負契約書	
「販売店指名予定の覚書」	販売代理店契約書（ディストリビュータ契約書）	
「合弁事業の覚書」	合弁事業契約書	
「企業・事業買収の覚書」	事業譲渡契約書 株式売買契約書	
「プロジェクト実現可能性検討の覚書」（製造業の取引の例）	合弁事業契約書 供給契約書 ライセンス契約書 製造委託契約書 販売委託契約書 開発委託契約 販売総代理店契約 （ディストリビュータ契約）	プロジェクトのフェーズ毎に段階的に合意を積み重ねて行き，最終的の取引契約書を目指す

(7)　中間合意書をめぐる訴訟事件

　「中間合意書」の締結で失敗してしまうと，企業にとっては大きなリスクになります。米 Pennzoil vs. Texaco 事件とわが国のメガバンク経営統合中間合意書事件の2つの事件の衝撃と企業実務への影響について以下の通り説明しておきましょう。

① 1987年 Pennzoil vs. Texaco 事件

　この事件の判決までは，LOI・覚書は，単なるビジネスレターであり，事業部門の権限・判断で気軽に取引先に対して出状できるものと理解されていました。なぜなら，LOI・覚書は，基本的には，法的拘束力がないものと世界中の企業に理解されていたからです。

　しかしながら，1987年 Pennzoil vs. Texaco 事件判決 Texaco, Inc. vs. Pennzoil, Co. 729 S. W. 2d 768（Court of Appeals of Texas, Houston（1st Dist.），1987）では，基本的に合意をした覚書に法的な拘束力があったか否かが，大きな争点となりましたが，法的な拘束力を認められて，当時の為替レートで合計約１兆5,000億円の懲罰的損害賠償（その後この金額は過剰とされて裁判所により減額された）が陪審評決で命じられました。具体的には，以下の通りです。

　Texaco, Inc. vs. Pennzoil Co., 626 F. Supp. 250（S. D. N. Y. 1986）.（Agreement in Principle；In essence, this agreement is subject to approval of Pennzoil's Board of Directors Meeting, and is subject to execution of a formal agreement.）このケースでは，覚書に法的拘束力が認められました。つまり会社間の基本的な合意は成立しており，取締役会の承認はあくまでも形式的なものであると解釈されました。

　Pennzoil 社が，Getty Oil 社を買収することに基本的に合意し，1984年１月１日と２日に，"Memorandum of Agreement. = Agreement in Principle（中

〔Pennzoil vs. Texaco 事件〕

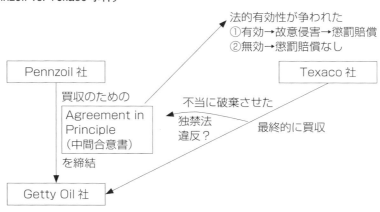

間合意書）"を締結しました。ただしこの覚書には，Getty Oil 社の取締役会の承認を得ることが条件となっていました。しかし，取締役会は，買収金額が低いことを理由に承認しませんでした。

その後，Texaco が登場して，最終的に Getty Oil 社を買収しました。この事件は，Pennzoil 社が，Getty Oil 社を買収することに基本的に合意をしていたにもかかわらず，Texaco がそれを妨害して競争会社である Getty Oil 社を買収したことで，独禁法違反に問われましたが，その前提として，Pennzoil 社が，Getty Oil 社を買収することに基本的に合意をした覚書に法的な拘束力があったか否かが，大きな争点となりました。すなわち，法的な拘束力が認められれば，Texaco の独禁法違反が故意侵害となり損害賠償額が大きくなるからです。

陪審判決は，法的な拘束力を認めて，1兆円（$7.53 billion〔@145円〕）の実損害額を命じ，加えて，故意侵害を認めて4,500億円（$3 billion〔@145円〕）の懲罰的損害の賠償を命じた著名な事件です。最終的に和解で解決しました。「懲罰的損害」とは，悪質な契約違反や不法行為があった場合に，二度と同じ行為を繰り返さない目的で民事訴訟で課される「損害賠償額の上乗せ制度」です。実損害の2倍〜1,000倍になることもあります。この事件で得られた「教訓」としては，単なる覚書で，効力発生に条件を付けたとしても，実質的に合意されていたかどうかで，法的な効力の有無について判断されるので，「法的拘束力」について，当事者の意思を LOI に規定しておくべきであるということです。

②　メガバンク経営統合の中間合意書事件

2004年5月，住友信託銀行と UFJ 銀行グループが交わした経営統合についての「基本合意書」には「各当事者は，直接又は間接を問わず，第三者に対し，又は第三者との間で本合意書の目的に抵触しうる取引等にかかる情報提供・協議を行わないものとする」（基本合意書12条）とするいわゆる「独占交渉権付与条項」がありました。ところが UFJ 銀行側は，他の銀行グループと交渉を行い，そちらと経営統合してしまいました。

住友信託銀行は，この条項を根拠として，裁判所に対して統合交渉の差止めの仮処分を申し立てました。この仮処分の申立ては，最高裁まで争われ，結局のところ統合交渉の差止めの仮処分は認められませんでしたが，本訴の損害賠償請求訴訟が提起されました。これに対して，東京地裁は請求を棄却しましたが控訴されて，東京高裁は2006年に，「交渉途中の撤回は信義則に違反し，住

〔メガバンク経営統合事件〕

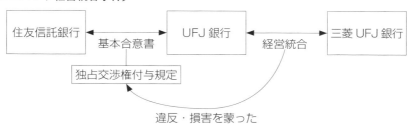

友信託銀行が費やした交渉費用を損害賠償すべきである」とする和解勧告を行い，最終的には，三菱UFJ銀行が住友信託銀行に対して和解金25億円を支払うことで和解が成立しています。

　この事件で得られた「教訓」としては，「独占交渉権付与条項」は，企業買収の買い手としては，売り手が抵抗しても，出来る限り規定しておいたほうが良い（法的保護を受けることができるので）ということです。反対に，中間合意書に，「独占交渉権付与条項」を入れることに合意したとしても，「本契約の締結までは損害賠償なしで本覚書を撤回できる」という趣旨の条項を入れておけば，損害賠償の議論はなくなったといえるでしょう。

(8)　中間合意書（LOI・覚書）の法的拘束力

　中間合意書の法的拘束力の有無の判断基準と法的拘束力を持たせたい場合にどのように記載すれば良いかについての基本的なルールは，以下のようになります。

　LOIが法的拘束力を持つためには，第1に，記載が具体的であること，第2に，当事者が法的拘束力を持つことを意図していることが必要です。注意すべきは，通常，具体的な約束を書面で行った場合には，特別の事情がない限りは，当事者が法的拘束力を持つことを意図していると解釈される点です。

〔法的拘束力はどのような場合に認められるのか〕

- 契約締結の意思（裁判所はこの意思を尊重する）➡従って「not legally binding」の記載は法的拘束力を否定するものと見る。
- 合意の明確性（具体的に合意内容が記載される必要あり）

　したがって，法的拘束力を持たせたくない場合は，当事者が法的拘束力を持つことを意図していないことを，書面上で明記しておく必要があります。これが not legally binding の記載になります。

　Material Terms Included（契約成立の基本的な条件）が欠けている場合には，交渉義務が発生して，いわゆる「契約締結上の過失」が問題となります。

　カナダの裁判例では，法的拘束力が認められたケースがあります（Canada Square Corporation Ltd. vs. Versafood Services Ltd., (1981) 15 B. L. R. 89. (This is to confirm verbal understanding ... regarding the restaurant on the top of the new Transamerica Building ... This constitute the general principles of our agreement with you.)）（理由：賃貸の場所が特定されているので法的拘束力が認められた）。

　わが国においても，中間合意書・LOI は，単なるビジネスレターで法的拘束力がないものと日本企業には理解されていました。しかし，前述の Texaco, Inc. vs. Pennzoil, Co. 729 S. W. 2d 768（Court of Appeals of Texas, Houston (1st Dist.), 1987）で法的拘束力が認められたことが，転換点となりました。

　実務的には法的拘束力の記載がある場合は，もちろん，その記載の範囲で法的拘束力が認められます。中間合意書に，法的拘束力を持たせない場合には，下記の一文を入れます。

This Letter of Intent is legally binding in any respect.
　本書は，いかなる場合でも法的拘束力を有しないするものとする。
　→機密保持などの特定の条項に法的拘束力を持たせたい場合には，後述
　　❷(3)参照

　法的な拘束力がない場合であっても，正式契約書の交渉に進んだ場合に全くゼロからではなく，一定のスタートライン（ベース）にはなり得ます（前言を翻すことは信義則上難しいので）。たとえ法的拘束力のない中間合意書であっても，交渉をスムーズに進めるためには有用です。重要な一般条項（例えば，準拠法や紛争解決条項〔裁判管轄か，仲裁合意〕）は，後日の正式契約書の交渉のため，LOI で予め合意しておくのも１つの方法です。

⑼　上場会社の中間合意書・LOI と開示義務

　中間合意書・LOI 締結の当事者が上場会社の場合，中間合意書・LOI の締結が「取引実行に関する決定」と解釈される可能性があるので，金融商品取引所規則に基づく適時開示義務の対象かどうか検討する必要があります。

　開示義務の対象となるかは，法的拘束力の有無と取引実行の可能性（蓋然性）に応じて判断されるべきとされています。例えば，法的拘束力がある条項として独占交渉権，秘密保持義務を規定するのみであり，取引条件について法的拘束力を有するものではない場合には，原則として開示は不要と考えられます。

　他方で，取引条件に法的拘束力が与える規定があると，原則として開示が必要となります。「詳細な最終契約を締結するには時間がかかるが，早期にM&A の事実を株主に開示する必要がある」という場合，基本的な条件については法的拘束力がある形で中間合意書・LOI を締結し，取引の概要を公表することになります。同様に，合併などの組織再編に際して，その事実だけはあらかじめ合意して開示し，最終合意がなされるまでの間に合併比率などの契約条件について交渉するケースもあります。

　なお，中間合意書・LOI の締結の多くの場合で，インサイダー取引規制における「重要事実」がすでに発生していると評価されるので注意を要します。

⑽　限定保証・責任制限・免責補償規定の基礎知識

　Not legally binding であれば，これらの責任条項は不要であると考えることができますが，一部でも法的に有効である場合には，（契約違反による損害賠償責任の）リスクを軽減するために限定保証・責任制限・免責補償規定を明記しておくべきでしょう。

●条文例
　• 違約金条項＝ペナルティーを設ける場合には，以下の具体例になります。

Compensation for damages

If the receiver or a third party who receives the disclosure of confidential information from the receiver violates the confidentiality obligation stipulated in this Agreement, the discloser shall have a right to injunct such violation and seek the receiver and such third party to compensate for the damages caused by it. The receiver shall be liable to pay JPY 1mil. as a liquidated damages to the discloser.

損害賠償

　開示者は，被開示者又は被開示者から秘密情報の開示を受けた第三者が本契約に定める秘密保持義務に違反した場合，当該違反行為の差止め及びそれにより被った損害の賠償として100万円の違約金を被開示者及び当該第三者に対して請求することができる。

損害賠償責任の上限を設ける規定は以下のようになります。

Compensation for the damages

If the receiver or a third party who receives the disclosure of confidential information from the receiver violates the confidentiality obligation stipulated in this Agreement, the discloser shall have a right to injunct such violation and seek the receiver and such third party to compensate for the damages caused by it, subject to the maximum amount of JPY 1mil.

損害賠償

　開示者は，被開示者または被開示者から秘密情報の開示を受けた第三者が本契約に定める秘密保持義務に違反した場合，当該違反行為の差止め及びそれにより被った損害の賠償を被開示者及び当該第三者に対して請求することができる。但し，当該損害賠償金額は，100万円を上限とする。

【コラム】

　メガバンク経営統合中間合意事件では，「各当事者は，直接又は間接を問わず，第三者に対し，又は第三者との間で本合意書の目的に抵触しうる取引等にかかる情報提供・協議を行わないものとする」（基本合意書12条）とするいわゆる「独占交渉権付与条項」があったのですが，損害賠償責任規定はありませんでしたので，裁判所は，この規定違反を根拠として，第一審で損害賠償を認めて，控訴審で，損害賠償責任の上限制限なしに和解提案を行い，それに基づいて当事者は和解をしています。

⑾　契約期間の考え方

　期間限定の方法としては，「本覚書の効力は，〇年〇月〇日までとする。」や「本覚書の効力は，〇年〇月〇日まで，あるいは，正式契約の締結日までの，いずれか早い日までとする。」のような定め方があります。

This Letter of Intent is effective on ［Date A］, and shall be valid until ［Date B］ or when the formal agreement is executed relating to this MOU, whichever earlier.

　本覚書は，［Date A］に効力を持ち，［Date B］若しくは本覚書に関して正式契約が締結されるか，いずれか早い日まで効力を有するものとする。

　自動更新の規定を設けるかについては，「本覚書の効力は，〇年〇月〇日までとする。契約期間満了の30日前までにいずれかの当事者からも異議を申し立てない場合には，本覚書は更に３か月毎に自動で更新されるものとする。」などの言い回しをします。

Unless sooner terminated as provided in this Agreement, this Agreement shall be valid for one year after the Effective Date, and shall be automatically extended for additional terms of one (1) year each, unless either party shall have otherwise notified to the other party in writing at least thirty (30) days prior to the expiry of this Agreement or any extension thereof.

　本契約は，本契約の規定により中途解約されない限り，発効日から１年間効力を有し，いずれか一方が相手方に対して，本契約の満了日又は更新された期間の満了する日の少なくとも30日前に更新しない旨の書面による通知を行わない場合に限り，１年ごとの期間で自動的に延長されるものとする。

　協議による更新の場合の条項は下記のとおりです。

This Agreement shall become effective on the Effective Date, and shall continue in full force for three （3） years, unless earlier terminated pursuant to Article ＿. However, it may be extended for an additional period of two （2） years upon mutual agreement of the Parties.

　本契約は，契約発効日に有効となり，中途解約されない限り，3年間有効とする。なお，両当事者の協議により，その後2年間延長されるものとする。

「契約期間」を規定した上で，それにもかかわらず「途中解除権」を認めることもあります。

This MOU is valid until the ［Date］; provided that each Party may terminate this MOU by providing at least 30 days prior written notice to the other Party.

　「本覚書の効力は，○年○月○日までとする。ただし，各当事者は，30日前の書面通知を相手方へ行うことにより，本覚書を解除することができる。

⑿　準拠法・紛争解決方法の選択のポイント

　詳細は，前述のNDAにおける準拠法・紛争解決方法についての解説を参照して下さい。

　業務提携契約（LOI，覚書など）を締結して事業を行う場合や合弁会社を設立して事業を行う場合には，提携業務を実施する国を準拠法，紛争解決地（裁判管轄もしくは仲裁合意）の対象とするのが，一般的には，スムースな紛争解決に資するといえるでしょう。提携業務を実施する国で紛争（契約違反や権利侵害の損害）が発生して，現地法が適用されることが多いからです。

実例にみる LOI ドラフトの実践

　中間合意書・LOI は単に「応急措置的な書面」としてではなく，その後の正式契約書の効率的な交渉にも活かせるような「戦略的な書面」を作成するべきです。そのために必要なドラフティング要領をご紹介しましょう。先ずは，典型的な企業買収の交渉の場面を想定してください。

(1)　企業買収の交渉の場面

①　売主側からみた中間合意書・LOI 締結の目的
　会社の売主側の立場からは，中間合意書・LOI 締結時点で買主に対して独占交渉権を付与することには消極的になります。売主側は，可能であれば入札手続きなどを行って複数の買主候補からオファーを受けて，最も有利な条件を提示した買主と契約したいと考えるからです。

②　買主側からみた中間合意書・LOI 締結の目的
　買主側の立場では，デューデリジェンスを行い正確に会社や事業の現状を把握する前に，M&A の法的な購入義務を負うことは難しいでしょう。したがって，中間合意書・LOI の基本条件の規定は，法的拘束力を持たせたくないので，単なる意向の表明にとどめたいところです。ただし，M&A を検討してデューデリジェンスなどの投資を要するからには，他の買主候補が登場して，当該売主と交渉するリスクを回避するため，買主としては，中間合意書・LOI で法的拘束力のある独占交渉権を要求することが多いです。

(2)　企業買収の場合の中間合意書・LOI の基本雛形

　以下の中間合意書・LOI の基本雛形を参考にして，先ずは，必要十分な「目次」を作ってみましょう。次に，それに内容を肉付けして行きましょう。LOI の素案の出来上がりです。後は，関係者（法務部を含む）・責任者（決裁権者を含む）のレビューを受けて，最終版が出来上がります。

This Letter of Intent is made as of [Date] by and between XXX, Inc. ("X") and YYY, Ltd. ("Y") in respect of the Project.

　　本 LOI は，○日付けで，XXX 社（以下「X」という）と YYY 社（以下「Y」という）との間で本プロジェクトに関して締結された。

【予定する買収契約・出資契約・取引契約】

［例］　1．Seller shall sell all the issued and outstanding common shares of XYZ at the price of US$20,000,000.00, subject to the condition that Buyer shall have completed their legal, business, and accounting due diligence of XYZ.

　　売主は，買主による XYZ の法的な，事業上の，及び会計上のデューデリジェンスの完了を条件として，XYZ の全発行済普通株式を20,000,000米ドルで売却する。

【支払い条件など】

［例］　2．The consideration to be paid by Buyer to Seller shall be as follows:(i) the sum equivalent to 60% of the purchase price is to be paid upon the Closing Date and　(ii) the remaining 40% is to be held in an interest bearing account for one year in order to secure Buyer against any loss and/or damage.

　　買主が売主に支払う対価は以下のとおりとする。(i)購入価格の60%相当の金額はクロージング日に支払われるものとし，(ii)残りの40%は，買主をその損失若しくは損害の担保のために，1年間，利子付き口座に預けられるものとする。

【守秘義務条項】

3．Any information related to the performance of this Letter of Intent shall be kept and maintained strictly confidential and shall not be disclosed to any third party without the prior written consent of the other party.

　　本合意の履行に関するいずれの情報も極秘に保持され，他方当事者の文書による事前の同意なしに，いかなる第三者にも開示してはならない。

【独占交渉権】―必要に応じて補充してください。

4．During the term of this Letter of Intent, Seller shall not have any discussions with anyone other than Buyer concerning the sale of any shares of XYZ.

　本LOIの有効期間中，売主はXYZ株式の売却に関して買主以外のいかなる第三者とも協議を行ってはならない。

＊さらに先の交渉ステップとして，フィデューシャリー・アウト規定と解約手数料規定を参照して下さい。

【本書の有効期間】

5．This Letter of Intent shall become effective from the date of this Letter of Intent and shall be valid for the period of three（3）months.

　本LOIは冒頭記載日から効力を生じ，3カ月間有効とする。

　以下のいずれかを選択してください

【準拠法・仲裁合意規定】

6．This Letter of Intent shall be governed and interpreted in accordance with the laws of Japan. All disputes, controversies or differences arising out of or in connection with this Letter of Intent shall be finally settled by arbitration in accordance with the Commercial Arbitration Rules of The Japan Commercial Arbitration Association. The place of the arbitration shall be Tokyo, Japan.

　本LOIは，日本法に従って解釈される。本LOIから又は本LOIに関連して生ずることがあるすべての紛争，論争又は意見の相違は，一般社団法人日本商事仲裁協会の商事仲裁規則に従って仲裁により最終的に解決されるものとする。仲裁地は東京（日本）とする。

【準拠法・裁判管轄】

6．This Letter of Intent shall be governed by and interpreted in accordance with the laws of Japan. Any disputes arising out of this Letter of Intent shall be resolved exclusively in the Tokyo District Court.

　本LOIは日本法に準拠し，日本法に基づいて解釈されるものとする。本LOIから生じるいかなる紛争も東京地方裁判所を専属裁判管轄として解決されるものとする。

【法的拘束力】

7．This Letter of Intent is not legally binding.

【バリエーションを参照】　法的拘束力を持たせたくない場合

　本 LOI は，法的拘束力を有しないものとする。

General Provisions【その他一般条項】

IN WITNESS WHREOF, the duly authorized representatives of the parties have caused this Letter of Intent to be executed in duplicate as of the date first above written.

X, Inc.（Buyer）

Y, Ltd.（Seller）

　上記の証として，正当な権限を有する両当事者の代表者は冒頭に記載された日付に本 LOI 2 通を締結した。

買主

売主

X 社

Y 社

(3)　法的拘束力についての表現のバリエーション

　上記第 7 条の法的拘束力についての規定のバリエーションについては，以下の選択肢があります。

　1．法的拘束力を持たせたくない場合①

This Letter of Intent is not intended as a contract, but merely as a statement of the present intention and understanding of the parties hereto.

　本 LOI は，契約を意図するものではなく，単に両当事者の現在の意図

と理解の表明を示すのみのものである。

２．法的拘束力を持たせたくない場合②

This Letter of Intent represents the present intention of the parties hereto, but this Letter of Intent shall not be intended to be legally binding on either party in any way.

　本LOIは，両当事者の現在の意思を表明するものである。しかしながら，本LOIは，いかなる場合でもいずれかの当事者を法的に拘束するものではない。

３．法的拘束力成立に一定の条件を設定する場合③

This Letter of Intent is not intended as a contract, but merely as a statement of the present intention and understanding of the parties hereto. Notwithstanding, this Letter of Intent is legally binding, subject to approval of both the parties' board of directors.

　本LOIは，契約を意図するものではなく，単に両当事者の現在の意図と理解の表明を示すのみのものである。しかしながら，本LOIは，両当事者の取締役会の承認を条件として，法的拘束力を持つ。

４．法的拘束力を持たせたくない場合の柔らかい表現④

I understand that this letter-of-intent does not constitute a contractual agreement to purchase products from you, but rather offers my support to the venture and indicates my genuine interest in considering your business when the need arises.

　このLOIは貴社から製品を購入する契約上の合意を成すものではなく，むしろ貴ベンチャーへの私の支持を示し，必要なときにあなたの事業について検討することへの私の真の関心を示すものと私は理解している。

５．法的拘束力に期限を設けて，取り消し可能としたい場合⑤

If a contract to set forth the parties' final agreement is not executed by the parties hereto by June 30, 2022, this Letter of Intent may be terminated by either party without obligation, upon 30 days' written notice to the other party.

　もし両当事者の最終合意に関する契約が，2022年6月30日までに締結されなかった場合は，本 LOI は，当事者の相手方当事者に対する30日前の書面による通知によって，なんら義務を負うことなく，解約することができる。

6．期限を持たせたい場合⑥

This LOI is effective on ［Date A］, and shall be valid until ［Date B］ or when the formal agreement is executed relating to this LOI, whichever earlier.

　本 LOI は，［Date A］に効力を持ち，［Date B］若しくは本覚書に関して正式契約が締結されるか，いずれか早い日まで効力を有するものとする。

7．特定の条項に法的拘束力を持たせたい場合⑦

This Letter of Intent is not legally binding except the Sections 2, 3, 4, 5, 6 and 7.

　本書は，第2条，第3条，第4条，第5条，第6条および第7条を除き，法的拘束力を有しないものとする。

⑷　独占交渉権について

　前述の基本となる雛形に，以下の「独占交渉権」を必要に応じて補充して下さい。（第4条参照）

【独占交渉権】（exclusive negotiation right）

During the term of this Letter of Intent, Seller shall not have any discussions with anyone other than Buyer concerning the sale of any shares of XYZ.

　本 LOI の有効期間中，売主は XYZ 株式の売却に関して買主以外のいかなる第三者とも協議を行ってはならない。

　国際契約の LOI（中間合意書）において独占交渉期間を設定する場合には，

独占交渉権の例外（Fiduciary Out）やこれに伴う解約手数料（Break-up Fee）の規定が置かれる場合が多いのですが，独占交渉権の例外（Fiduciary Out）や Break-up Fee 規定とは，一体どのようなものでしょうか？

　売主側としては，独占交渉権の規定を受け入れる条件として，他の買主候補と交渉できる「例外」である，Fiduciary Out（独占交渉権の例外）を設けることがあります。他方で，買主側としては，安易な例外の適用にブレーキを掛けるために，独占交渉権の例外を適用して取引から離脱する場合には，売主側が買主に対して一定の金銭（Break-up Fee）を支払う義務を定めることがあります。

【売主側に有利な「独占交渉権の例外」（Fiduciary Out）】

Fiduciary Out

Notwithstanding the provisions hereof, nothing contained in this Agreement shall prevent the Company or its Board of Directors, from（A）furnishing non-public information, or entering into discussions or negotiations, with, any person or entity in connection with an unsolicited bona fide written acquisition proposal by such person or entity or（B）recommending an unsolicited bona fide written acquisition proposal to its stockholders, if and only to the extent that（1）the Board of Directors of the Company believes in good faith（after consultation with its financial advisor）that such acquisition proposal is reasonably capable of being completed on the terms proposed, such acquisition proposal would, if consummated, result in a transaction significantly more favorable over the long term than the Transactions, and the Company's Board of Directors determines in good faith after receipt of an opinion from outside legal counsel to the effect that such action is likely necessary for the Board of Directors to comply with its fiduciary duties to stockholders under applicable law and（2）prior to furnishing such non-public information to, or entering into discussions or negotiations with, such person or entity, the Company Board of Directors receives from such person an executed confidentiality agreement with terms no more favorable to such party than those contained in this Agreement and in the

Confidentiality Agreement. If the Company will exercise its right to use acquisition proposal as a fiduciary out, it shall mean that this Agreement is terminated and a termination fee is payable by the Company pursuant to Section XX hereof.

フィデューシャリー・アウト

　本契約の規定にかかわらず，本契約のいかなる内容も，会社又はその取締役会が（A）勧誘されない善意の買収提案に関連する個人又は団体への非公開情報の提供，又は協議又は交渉の開始，あるいは，（B）会社の株主へ勧誘されない善意の買収提案の推奨すること，を妨げるものではない。ただし，以下の2つを条件とする。(1) 会社の取締役会が当該買収提案が提案された条件で合理的に完了することができ，かつ，完了した場合に本件取引よりも長期的に非常に有利となると（財務アドバイザーと協議後に）誠実に信じている場合であり，かつ，会社の取締役会は適用法に基づく株主に対する受託者責任を遵守するために，当該行動が必要である可能性が高い旨の外部の弁護士の意見受領後に誠実に決定するものとする。(2) 当該非公開情報を当該第三者又は団体に提供する前に，又は当該第三者又は団体との話し合い又は交渉に入る前に，会社の取締役会は，当該第三者と，本契約及び本秘密保持契約の条件より有利でない条件で秘密保持契約書を締結するものとする。

　会社の売主が買収提案をフィデューシャリー・アウトとして利用する権利を行使する場合，本契約が終了し，本契約の別規定に従って，会社が解約手数料を支払うことが規定されることが一般的です。

【買主側に有利な Break-up Fee 規定】

Breakup Fee

If any person (other than Purchaser or any of its Affiliates) shall have made, proposed, communicated or disclosed a proposal for an acquisition of the Company or its assets or business, or a combination with the Company, or a financing transaction proposal as an alternative to the

84

transactions contemplated by this Agreement (a "Competing Proposal")
in a manner which is or becomes public and this Agreement is
terminated following such proposal, then the Company shall,
simultaneously with termination of this Agreement, pay to Purchaser a
fee (the "Breakup Fee") in the amount of USD _____ or, if greater,
__% of the value of the Company established by a proposed transaction,
if, following the announcement or proposal of a transaction, this
Agreement is terminated.

解約手数料

　（買主またはその関連会社以外の）いずれかの者が，会社又はその資産
または事業，又は会社との組み合わせの買収，又は融資に関する提案を
行った，提案した，伝達した，または開示した場合，又は，本契約で企図
されている取引（「競合する提案」）の代替案としての取引提案（「競合提
案」）が公開され，本契約がかかる提案に従って終了した場合には，取引
の発表または提案に続いて本契約が終了した場合，会社は本契約の終了と
同時に，USD ○○○○○，又は提案された取引によって確立された会社
の価値の○％を超える額の手数料（「解約手数料」）を買主に支払う。

図解すると，以下のようになります。

【買主側提案】　独占交渉権
　　↓
【売主側提案】　独占交渉権の例外（Fiduciary Out）
　　↓
【買主側提案】　Break-up Fee 規定

【中間合意書・演習】

　事業部門が法務部に内緒で取引の相手方と交わしたメモ（両者の責任者
が署名済み）を法的な LOI に書き換えて行くためには，どのようにした
らよいでしょうか？

【参考】　本書76頁に紹介した LOI の基本雛形をベースにして，それに肉付けする形でドラフトを進めて行きましょう。とくに，法的拘束力をどの範囲で持たせるかに留意することが重要でしょう。

タームシートとメンテナンス覚書

① タームシートの活用

(1) タームシートを利用した契約交渉戦略の勧め

LOI締結後，正式契約の交渉を効率的に行うにはどうすれば良いでしょうか？　一般的に，正式契約の交渉は，最終合意に至るまで長期を要することが多い。

1つの有力な解決策は，交渉に使える「タームシート」を上手に作成することです。使える「タームシート」を作成・提示することができれば，通常はハードで時間を要する契約交渉を効率的に短時間で終わらせることができます。その意味では，「タームシート」も「戦略的な書面」と言えるでしょう。「タームシート」の上手な作成方法に必要なドラフティング要領をご紹介しましょう。

タームシート（Term Sheet）とは，契約条件の概要を記述したいわゆる「条件（規定）書」です。元々は，出資者に対して提示される「目論見書」的な意味合いのものであったので，ベンチャーキャピタルからスタートアップ企業へのファイナンス・投融資のさいに投資契約書や株主間契約書の交渉で使われたり，M&A企業による事業買収のさいに株式購入・引受契約書や株主間契約書の交渉でも使われています。他にも，ライセンス契約や，少し複雑なプロジェクトで，タームシートが使われることが多いと思います。

タームシートは，簡単に言えば，契約条件の概要を箇条書きにしたものですが，正式契約書のドラフトが複雑・難解で，条文・ページ数も多いので，いきなり契約交渉に入ると時間がかかってしまう場合に，正式な契約書の交渉に入る前に「概要書」や「条件書」として提示されるものです。署名しないタームシートが多いのですが，場合によっては署名しなくても，法的拘束力を持つ場合もあるので，注意を要します。法的拘束力を持たないことを明確に示すため

に，for discussion purpose only，non-binding，indicative，sample，illustrative などをタームシートの title の直前に付することが多くあります。日本国内で類似の書面を挙げれば，不動産取引や金融商品の取引時に買主に提示される「重要事項説明書」がこれに近いものと思います。

　契約交渉に熟達しているとの評価があり，企業法務や法律事務所で相応のポジションにある「アメリカ人ネイティブ弁護士」3名に「効果的・効率的な契約交渉を行うには何が重要であるか」をヒアリングしたところ，口を揃えて「タームシート交渉」を薦めてきました。トランプゲームで言えば，持っているカード（重要条件）を全て相手方へ見せて，お互いの手の内（重要条件）を明らかにして交渉を進めるべきであり，そうすることにより，効果的・効率的な契約交渉を行うことができる，との理解からです。日本的に「重要な条件を最後に後出し」するのは，交渉を遅延させることにしかならないでしょう。

　正式な契約書のドラフトを作成・提示するだけでも労力が必要であり，それに加えて，タームシートを作成・提示するのは，負担になるかもしれませんが，正式な契約書（特にそのドラフトが条文・ページ数も多く複雑・難解の場合）のドラフトを作成・提示する当事者が，それらの契約条件を基本的に受け入れてもらいたいという強い希望があるのであれば，相手方当事者にわかりやすく契約内容を理解してもらうための労を惜しむべきではないと思います。相手方当事者が難解な契約条件を理解することができないことが原因で，それを拒絶する場合が多いとも言われています。

⑵　ベンチャー企業向けの出資・投資契約の「タームシート」

〔具体的事例〕

　投資会社がベンチャー企業へ出資する際の出資契約あるいは投資契約について，いきなり詳細な契約書は作成・提示しません。先ずは骨子をまとめた「タームシート」について，交渉して確定させて，その後に詳細なドラフトが提示されて最終的な契約交渉・合意に至ることが多くなります。その場合の「タームシート」とは，どのようなものでしょうか？

　投資会社が発行される種類株式（優先配当株式）を引き受けることにより，投資を実施する場合を例に考えてみましょう。このような契約には次のような特徴があります。

⑴　多くの出資契約は，出資者に非常に有利な条件である。被出資者側の利益

も考慮したバリエーションはあるものの，ある程度出資者に非常に有利な条件で定型化されています。

⑵　契約書のドラフトのやりとりでは，内容が複雑で理解し難い。交渉時間の効率化を図るために，先ずは，タームシートをやりとりして，出資者のボトムラインを示して，被出資者の理解を得るべきです。

⑶　結果的に，タームシートを提示する側に有利に進められることが多い。（戦略的活用）ドラフト待ちの日本企業の姿勢は，不利に進められることが多い。

以下，株式引受契約書のタームシートの一例を示します。より詳細な投資契約書タームシートは，本書Ⅴの5を参照してください。

第1　株式の発行・引受け

項　目	内　容
1．契約当事者	投資者：○○○有限責任事業組合 発行会社：株式会社○○○ 経営株主：○○○
2．発行及び取得	A種優先株式○○○株を以下記載の条件で発行 　1．対象会社：株式会社○○○ 　2．種類：A種優先株式 　3．株式の数：○○○株 　4．払込金額：1株あたり○○○円 　5．払込金額の総額：○○○円 　6．払込期日：令和○○年○月○日 　7．募集方法：第三者割当の方法 　8．優先配当：○○ 　9．議決権：有り（1株につき1個の議決権）など
3．発行決議	令和○年○月○日までに実施
4．払込手続	別紙に記載のとおり

第2　表明保証

5．発行会社及び経営株主	発行会社の設立及び資格，投資契約の有効性及び執行可能性，違反の不存在，資本構成，A種優先株式の発行手続，財務諸表の適正性，事業計画書，許認可及び法令の遵守など
6．経営株主	保有している株式，兼任／兼職の状況，刑事罰等の不存在など

第3　払込前提条件

7．払込前提条件	発行会社及び経営株主の表明保証の正確性など

第4　発行会社の運営に関する事項

8．上場努力義務	
9．資金使途	
10．ガバナンス事項	
11．取締役及びオブザーバーの選任権	
12．誓約事項	適正な会計帳簿の維持など
13．重要事項の通知／事前承認	定款の変更，取締役会規程その他の重要な内部規則の制定，変更又は改廃，事業計画及び年次予算の策定又は変更，株式，潜在株式等の発行，付与又は割当てその他保有比率に影響を与えうる行為，株式の分割又は併合，資本金又は準備金の額の減少など
14．投資者への事後通知義務	(1)　持株比率5％以上の株主の保有する発行会社株式等の異動 (2)　破産，民事再生，会社更生，特別清算の第三者による申立てなど
15．経営株主の専念義務等	・投資者の承諾なく，取締役の辞任，再選拒否をしない。 ・投資者の書面による事前承諾のない兼職及び兼任の禁止 ・在任中及び退任後〇年間の競業避止義務

第5　株式関連事項

16．投資者の新株等引受権	発行会社の株式等を発行等する場合，投資者の持株比率に応じた引受権を投資者に付与
17．経営株主による株式等の譲渡	経営株主の保有する発行会社株式等の譲渡，担保の設定，その他の処分の禁止
18．投資者による株式の譲渡	投資者は，発行会社株式等を譲渡できる。

第6　株式の買取り

19．買取・売却義務	発行会社及び経営株主は，以下の場合に連帯して株式買取義務を負う。 (1)　発行会社又は経営株主が株式引受契約に違反した場合

	⑵　発行会社又は経営株主の表明保証が真実又は正確でなかった場合など
20.　買取価額	

第7　一般条項

21.　損害賠償責任等	
22.　有効期間	投資契約終了事由：株式上場，発行会社の解散（合併による解散を除く。），投資者が発行会社株式等を全く保有しなくなった場合など
23.　一般条項	公表，秘密保持，他の契約の制限，費用負担，通知方法，譲渡禁止，準拠法，裁判管轄（又は仲裁合意）等

⑶　正式契約交渉における「タームシート」の活用

　前述の通り，正式契約の交渉における「タームシート」の活用は，交渉能力に長けた欧米グローバル弁護士の交渉の秘訣となっています。理由としては，最初に重要な条件をお互いに机上に並べて，ガチンコ勝負することにより，全体の交渉に要する時間を大幅に短縮させることができるからです。

　以下では，具体的な例として，①売買契約，②サービス契約，③共同研究開発契約，④ライセンス契約，⑤ディストリビュータ契約，それぞれのタームシートの例を挙げておきます。（③～⑤については本書Ⅴを参照）

〔タームシートのサンプル〕
【具体例1】　売買基本契約書（Master Sale and Purchase Agreement）のタームシート【売主側案】
Seller vs. Buyer

項　　目	条　　件
Descriptions of Products 製品の明細	－Order Sheet to describe; (ⅰ) the Products, (ⅱ) the Price, and (ⅲ) the delivery deadline. －注文書に以下を記載：(ⅰ)本件製品，(ⅱ)価格，及び(ⅲ)引渡期限を記載する。
Payment 支払い条件	－T/T Remittance upon acceptance of Order －受注時に現金送金
Delivery 引渡	－FOB Yokohama (Incoterms 2020)

92

Title, Risk of Loss 所有権・危険負担	−引き渡し時点で所有権・危険負担が買主へ移転 −Title of Products and risk of loss shall pass from Seller to Buyer upon the delivery
Warranty 保証	−One year after the delivery; limited to repair or replace, excluding refund. −引き渡し後1年間，修理・新品交換に限る（返品・返金は認めない）
Delivery, Testing, Acceptance 引渡，検査	−Buyer will have 15 days from its receipt of the Products (the "Acceptance Period") to test the Products in accordance with mutually agreed upon procedures established. −買主は，検収検査開始前に定められた相互合意に基づく手続に従い，当該製品の受領から15日以内に（以下「検収期間」という）当該製品の検査を行う。 −Seller will promptly correct nonconformities discovered during Buyer's performance of the Acceptance Tests and shall resubmit the Products to Buyer for re-testing. −売主は，買主による検収検査の実施中に発見された不適合を直ちに是正し，買主に当該成果物を再提出して，再検査を受けるものとする。
Intellectual Property of Products 製品の知的財産の帰属	−Belong to Seller　売主に帰属
Limited Liability 責任制限	−Limited to direct damages, subject to the aggregated purchase price of the Products. −損害賠償責任の範囲を直接損害・本件製品の対価総額に限定する。
Confidentiality 守秘義務	Period: five (5) years from the termination of the Agreement. 存続期間：本契約終了後5年間存続
Governing Law / Jurisdiction 準拠法・裁判管轄	Laws of Japan/ Tokyo District Court 日本法・東京地方裁判所
General Provisions 一般条項	Termination, Force Majeure, No assignment, Survival, Liability, Indemnification, Notice, Entire

| | Agreement/ 解除事由，不可抗力，契約譲渡禁止，存続条項，損害賠償責任，免責・補償，通知，完全合意条項など |

【具体例２】　サービス基本契約書（Master Service Agreement）のタームシート
Provider（"ABC"）vs. Customer

項　目	条　　件
Scope of Services サービスの範囲	−Statement of Work to describe; (i) the Services to be provided, (ii) the compensation to be paid to ABC for the Services, and (iii) the timetable (or delivery deadline) for the Services to be performed. −作業明細書に以下を規定：(i)提供される本件サービス，(ii)本件サービスに対して ABC に支払われる報酬，および(iii)本件サービスの実施予定表を記載する。
Payment/ Fees and Expenses 支払い条件 / 料金と経費	−To be specified in the Statement of Work. −作業明細書に記載
Delivery, Testing, Acceptance and Cancellation 引渡し，検査，検収及び取消し	−Customer will have 15 days from its receipt of the Deliverable (the "Acceptance Period") to test the Deliverable in accordance with mutually agreed upon procedures established. −本件顧客は，検収検査開始前に定められた相互合意に基づく手続きに従い，当該成果物の受領から15日以内に（以下「検収期間」という）当該成果物の検査を行う。 −ABC will promptly correct nonconformities discovered during Customer's performance of the Acceptance Tests and shall resubmit the Deliverables to Customer for re-testing. −ABC は，本件顧客による検収検査の実施中に発見された不適合を直ちに是正し，本件顧客に当該成果物を再提出して，再検査を受けるものとする。
Warranty 保証	−One year after the delivery of the Deliverable; limited to repair or replace, excluding refund. −成果物の引渡し後１年間，修理・新品交換に限る（返品・返金は認めない） −In consideration of the payment of the consideration by Customer to ABC, ABC shall

	assign and transfer, to Customer, all the intellectual property rights of the Deliverables under this Agreement. ―顧客の ABC に対する対価の支払いを約因として，ABC は，本契約で創出された成果物の全ての知的財産権を顧客へ譲渡・移転しなければならない。
License of Deliverable 成果物の使用許諾	―Customer will have a perpetual, nontransferable, paid-up right and license for purposes of its internal business to use, copy, modify and prepare derivative works of the Background Deliverables owned by ABC. ―本件顧客は，自己の社内業務のために ABC が所有する既存成果物を使用，複写，改変，およびその派生物を作成する永久的，譲渡不能，支払い済みの権利およびライセンスを有する。
Competitive Deliverables 競合品	―ABC may develop Deliverables outside this Agreement that are competitive, irrespective of their similarity to Deliverables which might be delivered to Customer pursuant to this Agreement. ―本契約に基づき本件顧客に引き渡された成果物に類似しているか否かを問わず，ABC が本契約外に競合製品を開発することを妨げない。
Cancellation 解約	―Customer must provide at least seven (7) days advance notice, or otherwise if the parties mutually agree, to cancel or postpone planned professional services engagements. ―本件顧客は，計画されているプロフェッショナルサービス契約を解約または延期するために，少なくとも7日の事前通知を与えなければならない。
Limited Liability 責任制限	―Limited to direct damages, subject to the aggregated purchase price of the Services. ―損害賠償責任の範囲を直接損害・本件製品の対価総額に限定する。
Confidentiality 守秘義務	Period: five (5) years from the termination of the Agreement. 存続期間：本契約終了後5年間存続
Governing Law / Jurisdiction	Laws of Japan/ Tokyo District Court. 日本法・東京地方裁判所

準拠法・裁判管轄	
General Provisions 一般条項	Termination, Force Majeure, No assignment, Survival, Liability, Indemnification, Notice, Entire Agreement/ 解除事由，不可抗力，契約譲渡禁止，存続条項，損害賠償責任，免責・補償，通知，完全合意条項など

2 メンテナンス覚書（その他の覚書）の活用

⑴ メンテナンス覚書の目的

　正式契約の締結で契約管理のすべてが終わった訳ではありません。正式契約締結後の契約のメンテナンスが重要ですが，口頭の変更合意では証拠が残りませんので，以下の覚書を以下の目的で締結することが多くあります。

【正式契約締結後の契約のメンテナンス覚書の目的】

- 契約更新の覚書（期間の更新，契約条件の変更を伴わないもの）
- 契約更新の覚書（期間の更新，契約条件の変更を伴うもの）
- 契約変更の覚書
- 契約上の地位の承継の覚書
- サイドレター（正式契約の条件の補充）

⑵ 使い勝手の良い「覚書（Memorandum）」

　覚書（Memorandum）や Side Letters（サイド・レター）は，多目的に汎用的に利用できる契約書式の１つです。例えば，①契約上の地位承継，②契約変更，③契約期間延長，④契約更新，⑤議事録などの一般的な利用が考えられます。

① 「変更契約」の例

　いったん正式（最終）契約書が締結された後で，契約条件や内容が変更されることがあり得ます。その場合には，「変更契約」のタイトルで変更内容を合意し締結することもありますし，「覚書（Amendments，Memorandum，Addendum）」のタイトルで変更内容を合意して，締結することもあります。

　例えばシステム開発委託契約書などの IT 関連の契約では，仕様，委託料，納期の３つの条件が重要ですが，契約締結後に仕様の変更が頻繁に行われます。その際，いちいち両当事者の代表者が書面で変更契約を取り交わすのは，実務的に効率が良くありません。そこで契約書に両当事者のプロジェクト責任者を

決めておき，その責任者へこうした実務上の仕様変更について権限を与えておき，契約変更に対応することが行われています。

いったん締結した契約書の内容（例えば，特定の規定や別紙など）の一部を当事者が合意で変更する必要が生じる場合が多く出てきます。

そうした場合に，契約変更をスムーズに行うために締結する「覚書」です。

AMENDMENT

TO

XXX AGREEMENT（契約名称）

XXX 契約（契約名）変更

THIS AMENDMENT TO XXX AGREEMENT（"Amendment"）is made and entered into as of this XXth day of month, 2021 by and between A corporation（"A"）, and B company.

　このXXX契約の改定（以下「改定」）は，2021 月20日付けで，A社，およびB社（"B"）

RECITALS

A．WHEREAS, A and B have entered into that certain XXX Agreement dated as of XX, 2021（"XXX Agreement"）; and

B．WHEREAS, A and B desire to amend certain provisions of the XXX Agreement as set forth in this Amendment.

NOW, THEREFORE, in consideration of the mutual covenants and agreements set forth in this Amendment, the Parties agree as follows.:

前文

A．ここで，AとBは，20XX 月20日現在の特定のXXX契約（「XXX契約」）を締結しました。そして

B．ここで，AとBは，本改定に規定されているXXX契約の特定の条項を改定することを望んでいます。

　　以上を証するため，この改正に規定されている相互の約因および合意を約因として，当事者は以下のように合意します。

1．Section 1.1 of the XXX Agreement is amended and restated to read in its entirety as follows

1．XXX 契約のセクション1.1は，以下のように全体が修正され，書き直されます。

2．Attachment A to the XXX Agreement is amended and restated to read in its entirety as set forth on Exhibit A to this Amendment.

2．XXX 契約の添付資料Aは，この改定の別紙Aに記載されているとおり，その全体が修正され，再表示されます。

3．Section X is hereby amended to add new Subsection X. X. as follows:

3．セクションXは，新しいサブセクション X. X. を追加するように次のように修正されています。

4．Except as expressly amended by this Amendment, the XXX Agreement is and shall remain in full force and effect in accordance with its terms.

4．本改訂によって明示的に改訂された場合を除き，XXX 契約はその条項に従って完全に効力を有するものとします。

② 契約上の地位承継の覚書（例えばソフトウェア・ライセンス契約）

　グループ内の企業の再編やリストラによって，ソフトウェア・ライセンス契約で，ライセンシー（使用者）の契約上の（地位）権利義務をグループ内の他社へまとめたり，あるいは，ライセンシー（使用者）の契約上の地位をグループ内の他社へ変更したりすることが生じてきます。下記の場合は，グループ内のX社からY社へ承継する場合です。そうした場合に，契約上の地位の承継をスムーズに行うために締結する「契約上の地位承継の覚書」です。

承　諾　書	Consent Letter
ライセンシー社御中	Attention to Licensee Company:
貴社との間で締結された既存ライセンス契約（下記の既存契約のリスト一覧に記載される）における契約上の地位及び権利義務について，〇年〇月〇日付けで，XからYへ承継されることを貴社ライセンシー社は承諾いたします。	Effective on the [date], Licensor hereby consent to the assignments from X to Y of the contractual rights and duties and its positions under the License Agreements which have been executed between Licensee and X as listed in the Attachment:
日付：	[Date]
ライセンサー社：	Licensor Company
氏名：	Name:
役職：	Title:
以上に合意するために，以下のとおりライセンシー社X及びYは署名・押印します。	Agreed by Licensee Company（X and Y）:
X 社名：	X Company Name：
部署名：	Department：
役職名：	Title：
氏名　：　　　　　　　　　印	Name：　　　　　　　Signature
ご承諾日：　　年　　月　　日	Date of Signature：
Y 社名：	Y Company Name:
部署名：	Department:
役職名：	Title:

氏名： ㊞	Name: Signature
ご承諾日： 年 月 日	Date of Signature:
別紙：既存契約のリスト一覧 以上	Attachment; List of Existing Licence Agreements executed between Licensor Company and X

(3) 注意が必要なサイド・レター

　サイド・レター（Side Letters）は，色々な目的で利用されますが，米企業（とくにソフトウェアベンダー）の中では，「権限を逸脱するための裏取引書面」というイメージがあります。つまり，ソフトウェア業界で以前は多かったのですが，例えば，ライセンサー側の営業マネージャーが，リセラー（ソフトウェアの販売店）に特定のソフトウェア・ライセンス10本分の在庫を持たせる（ソフトウェアのライセンス取引には，そもそも「在庫」の概念はありませんが）スキームを考えて，そのリセラーと10本分のソフトウェア・ライセンス契約を，顧客が未だ決っていないのに締結し，それとは別に，サイド・レター（裏契約）をそのリセラーと締結します。

　例えば，①1年以内に購入してくれる顧客を見つける，②顧客が見つからない場合には，買い戻す，という趣旨のサイド・レターをリセラーと締結します。大きな問題点は，このサイド・レターは，決裁権者の承認なくして，会社に内緒で締結される場合がある点です。この取引によって，ライセンサー側の営業マネージャーは，とりあえず特定のソフトウェア・ライセンス10本分の売上を立てることができますので，営業のターゲットを達成することもでき，販売奨励金（いわゆるコミッション）も手にすることができます。実際には1年間で10本すべてが売れず5本しか売れなくて，買戻しの問題が発生したときには，営業マネージャーは他社へ転職してその会社には居ない場合があります。悪質なケースでは，詐欺罪や背任罪で刑事告訴されている事例もあります。

　しかしながら，以下のような具体例では，正式契約書を補足する目的のために，合法的にサイド・レターが締結されています。

〔具体的事例〕

Side Letter

事業買収契約の実行について不完全な条件を修正する目的で締結されるサイド・レター（レター形式で両者の署名がある書式になります）

［Date］（［日付］）

Sender（送信者）

Attention（宛先）

Re: Side Letter Amendment to the Asset Purchase Agreement（the "Agreement"）made and entered into as of ［Date］ by and between Purchaser and Seller

　［日付］の時点で購入者と販売者の間で締結された資産購入契約（以下「本契約」）に対するサイドレターの修正

Ladies and Gentlemen：（前略：）

In connection with the closing of the transactions described in the Agreement, Sellers and Purchasers hereby agree to the terms of this side letter agreement（this "Side Letter"）. This Side Letter shall be deemed to be an amendment to the Agreement as provided below. Capitalized terms used but not otherwise defined in this Side Letter shall have the respective meanings assigned to them in the Agreement, unless the context requires otherwise.

　本契約に記載されている取引の実行に関連して，売主および買主は，本サイドレター契約の条項に同意します（本「サイドレター」）。このサイドレターは，以下に規定する本契約の改定とみなされるものとします。このサイドレターで使用されているが他に定義されていない頭文字が大文字の用語は，文脈上別段の定義がない限り，本契約でそれらに与えられている

それぞれの意味を持つものとします。

Amendment to the Section XX of the Agreement.
本契約のセクション XX の修正。

Section XX of the Agreement is amended by deleting said Section in its entirety and substituting the following new Section XX in lieu thereof:
　本契約のセクション XX は，そのセクション全体を削除し，その代わりに次の新しいセクション XX を規定することによって修正されます。

(Contents of the Amendment to be specified herein)
(本書に定める修正の内容)

Very truly yours, (早々)

Seller (売主)
By: ＿＿＿＿＿＿＿＿＿＿＿＿＿＿＿＿＿＿＿＿＿
Name: ＿＿＿＿＿＿＿＿＿＿＿＿＿＿＿＿＿＿＿＿
Title: ＿＿＿＿＿＿＿＿＿＿＿＿＿＿＿＿＿＿＿＿＿

Please sign in the space provided below to evidence your agreement to the terms of this Side Letter.
　下のスペースにサインして，このサイドレターの条件に同意することを証明してください。

AGREED AND ACCEPTED
as of the date hereof:
同意し，承認しました。
本書面の日付

PURCHASER:（買主：）

By:　　_____

Name:　_____

Title:　_____

Ⅳ

中間文書と契約をめぐる実務ポイント

 1 ## 契約書の原本としての PDF

　最近増えてきたのが，署名ページのみに当事者が署名をして，ファックスや PDF だけで中間文書を締結する方法です。当事者がその方法について同意していれば，裁判になっても中間文書の有効性を争うことはできませんので，以下のように「ファックスや PDF による契約締結」に両当事者が同意しておく必要があります。

　ただし，途中ページを不利に差し替えられたりするリスクがありますので，全ページにイニシャル（各当事者の契約担当者が最終版であることを確認したイニシャル）を入れてもらい，全頁のファックスや PDF を電子データとして保管しておく必要があります。

> Originals
>
> This Memorandum may be executed in two (2) originals, each of which, when executed and delivered, shall be deemed an original, but all of which shall constitute one and the same instrument. Delivery of an executed original by facsimile transmission or by e-mail delivery in portable document format (PDF) shall be equally effective as delivery of a manually executed original thereof. Any party delivering an executed original of this Memorandum by facsimile or PDF shall also deliver one (1) manually executed original thereof, but failure to do so shall not affect the validity, enforceability or binding effect of this Agreement.

中間文書の原本

　本覚書は，２通の原本を締結することができ，それぞれが締結され配布された時点で原本とみなされるが，そのすべてが１つの同じ文書を構成する。ファクシミリ送信又はポータブル・ドキュメント・フォーマット（PDF）による電子メール送信により締結された原本の引渡しは，そのマニュアルで締結された原本の配布と同等に有効であることとする。ファクシミリマニュアルで実行したものを引き渡さなければならないが，そうしないことは，本覚書の有効性，執行可能性又は法的拘束力に影響しない。

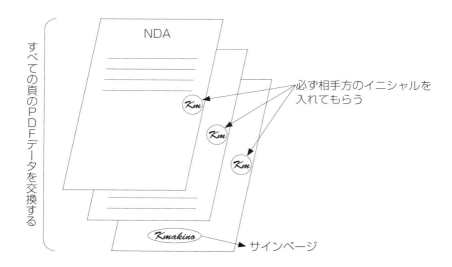

　リーガルテックの普及によって，中間文書の締結を，PDF ファイルの交換により締結したり，電子認証を使用して行ったり（電子認証制度により本人確認して本人が締結する），あるいは，クラウド上の電子署名（クラウド・プロバイダーのクラウド上で，プロバイダーが本人確認して締結する）といった契約締結形態が出てきています。

　通常の結語では，電子認証の証拠能力に疑義が生じるので，以下の結語を使用することにより，契約当事者が（通常のマニュアルでの契約書の締結ではない）これらの方法に合意することにより，証拠能力を高めるべきです。

IN WITNESS WHEREOF, The Parties have caused this Memorandum to be executed in its originals (including PDF files or any other method agreed by both Parties, all of which, both parties agree, shall be equally effective as manually executed originals) by the duly authorized representatives of both Parties.

　両当事者の正当に授権された代表者によって本覚書の原本が締結される。かかる原本は，PDF ファイルその他当事者が合意した形式を含むが，これらの全ては自署により締結された契約の原本と同等の効力を有することを当事者は合意する。

中間文書の印紙税と電子署名

(1) 印 紙 税

　中間文書は，原則として正式な取引の契約書ではありませんので，印紙税法の対象にはならないとされています。しかし，例外があります。正式契約書が印紙税の課税文書に該当する場合に，その変更契約書については，課税文書に該当する可能性があります。例えば，以前に締結した請負契約の対価を増額する変更覚書を締結する場合には，増額された契約金額に適用される印紙税額について，既に締結された請負契約書に貼付した印紙税額を控除した差額の税額の印紙を貼付する必要がありますので注意してください。

　他方で，正式な取引の契約書の場合には，電子契約（PDF を含む）については，印紙税法第2条では，「電子契約は非課税」との明確な規定はありません。

　印紙税法第2条および第3条の運用ルール「印紙税法基本通達第44条」（電子契約（データ）を締結（送信）することは課税文書の「作成」に該当せず，したがって印紙税は課税されない）などが根拠となります。

(2) 電子署名

　令和2年7月17日付けで，総務省・法務省・経済産業省の3省合同で，「電子署名法」の解釈の指針を示すことにより，いわゆる「クラウド事業者による当事者署名の証明」について，作成した本人が「当該措置を行った者」に該当すると解釈できることを示しました。

　日本国内における契約の電子署名については，基本的に問題が解決したと言えますが，相手方は外国企業の場合には，法制度も異なるので，上記の対応版のように，当事者間で合意した方法による契約書の締結を認める記載が結語に必要でしょう。

　　　　利用者の指示に基づきサービス提供事業者自身の署名鍵によ
　　　　り暗号化等を行う電子契約サービスに関する Q&A

令和2年7月17日　総務省　法務省　経済産業省

問1　電子署名及び認証業務に関する法律（平成12年法律第102号，以下
　　「電子署名法」という。）における「電子署名」とはどのようなものか。

　電子署名法における「電子署名」は，その第2条第1項において，デジタル情報（電磁的記録に記録することができる情報）について行われる措置であって，(1)当該情報が当該措置を行った者の作成に係るものであることを示すためのものであること（同項第1号）及び(2)当該情報について改変が行われていないかどうかを確認することができるものであること（同項第2号）のいずれにも該当するものとされている。

問2　サービス提供事業者が利用者の指示を受けてサービス提供事業者自
　　身の署名鍵による電子署名を行う電子契約サービスは，電子署名法上，
　　どのように位置付けられるのか。

　近時，利用者の指示に基づき，利用者が作成した電子文書（デジタル情報）について，サービス提供事業者自身の署名鍵により暗号化等を行うサービスが登場している。このようなサービスについては，サービス提供事業者が「当該措置を行った者」（電子署名法第2条第1項第1号）と評価されるのか，あるいは，サービスの内容次第では利用者が当該措置を行ったと評価することができるのか，電子署名法上の位置付けが問題となる。

・電子署名法第2条第1項第1号の「当該措置を行った者」に該当するためには，必ずしも物理的に当該措置を自ら行うことが必要となるわけではなく，例えば，物理的にはAが当該措置を行った場合であっても，B

の意思のみに基づき，Aの意思が介在することなく当該措置が行われた
ものと認められる場合であれば，「当該措置を行った者」はBであると
評価することができるものと考えられる。

- このため，利用者が作成した電子文書について，サービス提供事業者自
身の署名鍵により暗号化を行うこと等によって当該文書の成立の真正性
及びその後の非改変性を担保しようとするサービスであっても，技術
的・機能的に見て，サービス提供事業者の意思が介在する余地がなく，
利用者の意思のみに基づいて機械的に暗号化されたものであることが担
保されていると認められる場合であれば，「当該措置を行った者」は
サービス提供事業者ではなく，その利用者であると評価し得るものと考
えられる。

- そして，上記サービスにおいて，例えば，サービス提供事業者に対して
電子文書の送信を行った利用者やその日時等の情報を付随情報として確
認することができるものになっているなど，当該電子文書に付された当
該情報を含めての全体を1つの措置と捉え直すことよって，電子文書に
ついて行われた当該措置が利用者の意思に基づいていることが明らかに
なる場合には，これらを全体として1つの措置と捉え直すことにより，
「当該措置を行った者（＝当該利用者）の作成に係るものであることを
示すためのものであること」という要件（電子署名法第2条第1項第1
号）を満たすことになるものと考えられる。

問3　どのような電子契約サービスを選択することが適当か。

　電子契約サービスにおける利用者の本人確認の方法やなりすまし等の防
御レベルなどは様々であることから，各サービスの利用に当たっては，当
該サービスを利用して締結する契約等の性質や，利用者間で必要とする本
人確認レベルに応じて，適切なサービスを選択することが適当と考えられ
る。

類型別にみる書式例

　最終的なゴールとして，締結すべき正式な「業務提携基本契約書」をイメージして，します。その上でそれに盛り込まれるべき基本的な契約条項のうち，中間合意書に現段階でどの範囲を盛り込むべきかを検討すべきでしょう。

中　間　合　意　書	最終的なゴールの契約書
「業務提携の覚書」	業務提携基本契約書
「業務提携中間合意書」具体的な業務提携事業の内容が決まっていない場合	合弁事業契約書 製品・サービス供給契約書 販売代理店契約書 ライセンス契約書 製造委託契約書 開発委託契約書

業務提携・合弁事業

(1) 業務提携基本合意書

〔具体的な業務提携事業の内容が決まっている場合〕

別紙A～C（第3条の条項例参照）で具体的な業務提携事業の内容を規定しておく場合です。かなり突っ込んだ交渉と合意ができますので、取引の基本契約書に近いものができてくる場合もあります。

Business Alliance Master Agreement（業務提携基本合意書）

_____ (hereinafter, "XXX"), and _____ (hereinafter, "YYY") have entered into this Basic Agreement on Business Alliance Agreement (hereinafter, this "Agreement") as follows in order to create a business alliance (hereinafter, the "Business Alliance") for the mutual benefit and purpose of XXX and YYY.

_____（以下「甲」という）及び_____（以下「乙」という）は、甲乙相互の利益と目的のために業務提携（以下「本業務提携」という）を結ぶことについて、以下のとおり合意し、本業務提携に関する基本契約（以下「本契約」という）を締結する。

Article 1　Purpose

The purpose of this Agreement is to build close cooperation between the parties to further the expansion of operations, increase in value added and efficiency and strengthening of competitiveness in the business areas of each of the parties.

第1条　目的

本契約は、各当事者の事業領域における事業規模の拡大、付加価値の増大、事業の効率化、競争力の強化等を目指して、相互の密接な協力関係を持つことを目的とする。

Article 2　Establishment of Examination Committee

XXX and YYY shall, no later than [　　　] days from the execution date hereof, establish a examination Committee (hereinafter, the "Examination Committee") the members of which shall be representatives from XXX and YYY or any persons appointed by XXX or YYY to consult and examine the requirements for the success of the Business Alliance.

第2条　検討委員会の設立

　甲及び乙は，本業務提携の遂行のために必要な事項を協議，検討するため，本契約締結日から［　］日後までに，甲及び乙の代表者，又は甲および乙から指名された者を構成員とする検討委員会（以下「検討委員会」という）を設置するものとする。

Article 3　Principles of Business Alliance

XXX and YYY shall agree as follows with respect to the basic principles of the Business Alliance. The products and services provided by XXX shall be described in Exhibit A, the products and services provided by YYY shall be described in Exhibit B and the products and services to be jointly developed by the Parties shall be described in Exhibit C.

第3条　業務提携の基本方針

　甲及び乙は，本業務提携の基本方針に関し，以下のとおり合意する。なお，甲が提供する商品及びサービスについては別紙A，乙が提供する商品及びサービスについては別紙B，並びに甲および乙が共同して開発する予定の商品及びサービスについては別紙Cにて記載する。

Article 4　Confidentiality（第4条　守秘義務規定）

Article 5　Legal Binding（第5条　法的拘束力規定）→本書79～81頁を参照

Article 6　General Provisions（第6条　一般条項）

　最終的なゴールとして，締結すべき正式な「業務提携基本契約書」をイメー

ジするとすれば，上記に加えて，以下の基本的な契約条項も盛り込んだ契約書
となるでしょう。

　　以下の具体的な条項については，本書115〜122頁を参照。
(ⅰ)　具体的な業務提携の内容に関する条項
(ⅱ)　知的財産権・ノウハウに関する条項
(ⅲ)　競業避止に関する条項
(ⅳ)　秘密保持条項
(ⅴ)　表明保証条項
(ⅵ)　契約期間及び解除条項（解除権規定）
(ⅶ)　契約期間終了後の措置に関する条項
(ⅷ)　損害賠償に関する条項
(ⅸ)　支配権異動条項（Change of Control）
(ⅹ)　反社条項
(ⅺ)　一般条項

　上記の「業務提携基本契約書」を中心として，個別契約をそれに付属させる
とすれば，契約構成のイメージは，以下の通りとなるでしょう。

業務提携基本契約書 ─ 個別取引契約A
　　　　　　　　　　　 個別取引契約B
　　　　　　　　　　　 個別取引契約C

　これらA，B，Cが個別契約になり得る可能性がある取引契約として以下の
ものがあります。

　　　合弁事業契約書
　　　製品・サービス供給契約書
　　　販売代理店契約書
　　　ライセンス契約書
　　　製造委託契約書
　　　開発委託契約書

⑵　具体的な内容が決まる前の業務提携基本合意書（中間合意書）

　具体的な業務提携事業の内容が決まっていない場合に締結する「業務提携契約書」のサンプル事例です。提携の基本ルール・原則の記載に留まる場合も多いですが，損害賠償の範囲や知的財産の帰属の規定などの一般条項を充実した「業務提携契約書」も多くあります。その場合には，単なる提携の基本ルール・原則の記載に留まらずに，損害賠償の範囲や，製品・サービス・成果物の知的財産の帰属までも合意しておくことは，今後の契約交渉のステージを考えるとメリットがあります。すなわち，次のステップの正式な契約書の交渉・締結のさいに，損害賠償の範囲や知的財産権の帰属の規定などの最後まで合意されずに残ってしまうことが多いので，交渉に時間を要する条項の交渉を省略することができるという大きなメリットはあります。

　具体的な業務提携事業の内容が決まっていない場合に，英国法を準拠法（解釈法）とする場合には「業務提携契約書」を締結することは一般に難しい（英国法では Agree to Agree（何も合意されていない）となり契約自体が無効になる可能性がある）ですが，それ以外の日本語・英語での「業務提携契約書」の締結は，以下のような例があり得るでしょう。

Business Alliance Basic Agreement（業務提携基本合意書）

X Co., Ltd. (hereinafter referred to as "X") and Y Co., Ltd. (hereinafter referred to as "Y") shall conclude a basic alliance agreement (hereinafter referred to as "Agreement"), in order to collaborate with each other to operate ○○○ (hereinafter referred to as "Collaboration") as follows:

　株式会社X（以下「甲」という）と，株式会社Y（以下「乙」という）とは，甲乙が協業して，○○○を運営する（以下「本協業」）にあたって，以下のとおり業務提携基本合意書（以下「本契約」という）を締結する。

Article 1（Collaboration）

X and Y shall develop, plan, sell and advertise the new services (hereinafter referred to as "Services") in cooperation with each other. Details regarding the Collaboration, such as the Service, the specific division of roles and revenue/ profit sharing methods, and the attribution of intellectual property rights generated in the process of the Collaboration, shall be separately concluded between X and Y (hereinafter referred to as "Individual Contract").

第1条（協業）

　甲及び乙は，相互に協力の上，新規サービスの開発・企画・販売・広告（以下「本件サービス」）を行うものとする。本件サービス，甲乙の具体的な役割分担及び収益分配方法，本件協業の過程で発生した知的財産権の帰属等，本件協業に関する詳細は別途甲乙間で締結する個別契約（以下「個別契約」という）で定めるものとする。

Article 2 (Expense bearing)

X and Y shall bear the costs incurred by each Party or its employees in connection with the Collaboration, unless otherwise agreed in writing.

第2条（費用負担）

　甲及び乙は，書面による別途合意をした場合を除き，本件協業に関して自社又はその従業員に生じた費用をそれぞれ負担する。

Article 3 (Compensation for the damages)

If either Party suffers the damages due to reasons attributable to the other Party, such other Party shall compensate such party for the direct and ordinary damages, subject to the total amount received by Y in the individual contract, except that there was intentional or gross negligence by such other Party.

第3条（損害賠償）

　甲及び乙は，相手方の責に帰すべき事由により損害を被った場合には，個別契約書で乙が受領する合計額を上限として，相手方に対して直接かつ通常の損害の範囲で，賠償を請求することができる。但し，故意又は重過

失がある場合においてはこの限りではない。

Article 4（Term）

The term of this Agreement shall be one year from the date of conclusion of this Agreement. Unless any intention to terminate the Agreement is notified by either Party within 3 months before the expiration of the Term, this Agreement shall be automatically renewed for further one years.

第4条（契約期間）

　本契約の有効期間は，本契約締結日から1年間とする。但し，当該期間満了3カ月前までに甲乙いずれからも契約終了の意思表示がない場合においては，本契約は自動的に1年間更新されるものとし，以後も同様とする。

Article 5.（Termination）

(1)　Breaches of this Agreement

If either Party breaches any provision of this Agreement, the non-breaching Party shall have the right to terminate this Agreement by serving on such breaching Party sixty（60）days written notice specifying such breach; provided however that if such breach is cured during the period of such notice, this Agreement shall continue with the same force as if such notice had not been given.

(2)　Occurrence of Certain Facts

If any of the following occurs on either Party, the other Party may forthwith terminate this Agreement, by serving on such Party written notice thereof:

(ⅰ)　The property of either Party becomes subject to attachment, provisional attachment, provisional disposition, disposition by public sale, disposition for failure to pay taxes or any other similar disposition by a public authority;

(ⅱ)　Either Party files a petition or has a petition filed against it by any person for corporate reorganization, bankruptcy or sale by public auction or similar procedure;

(iii)　Any note or draft issued by either Party is dishonored, or either Party otherwise becomes unable to make payments for its obligations;

(iv)　Serious change occurs in the assets, financial condition or business of either Party, and the attainment of the purpose of this Agreement thereby becomes impossible; or

(v)　Merger, partition of business, or some other fundamental change of business structure occurs to either Party, as a result of which the continuation of this Agreement is rendered highly impracticable.

第5条（契約解除）

(1)　本契約違反

　一方当事者が本契約条項に違反した場合，無違反当事者は，違反当事者に対し，違反行為を明記した60日前の書面による通知を行うことにより，本契約を解除する権利を有する。但し，当該違反が当該通知の期間内に是正された場合には，本契約は，上記の通知が行われなかったものとして従前と同じ効力を有し，存続するものとする。

(2)　特定事実の発生

　下記のいずれかの事実が一方当事者に発生した場合には，他方当事者は当該当事者に対し，書面による通知を行うことによりただちに本契約を解除することができる。

　　(i)　一方当事者の資産に対し，差押え，仮差押え，仮処分，競売，税金滞納に対する処分又は当局によるその他類似した処分が行われた場合

　　(ii)　会社更生，破産又は競売若しくは同様の手続きによる売却を理由として，一方当事者が自ら右の申請を行う場合，又は第三者が当該当事者に対し右の申請を行った場合

　　(iii)　一方当事者が発行した約束手形若しくは為替手形が不渡りになるか，または一方当事者が，その債務に対して右以外の理由で支払いができなくなった場合

　　(iv)　一方当事者の資産，財務状況若しくは事業に重大な変更が生じ，そ

のため本契約の目的の達成が不可能になった場合

(v)　一方当事者に対し，合併，会社分割，若しくはその他の事業構造に
　　根本的な変更が発生した場合で，その結果，本契約の継続の実行がき
　　わめて不可能となった場合

Article 6 (Effects of Termination)

Termination of this Agreement shall not affect any rights or liabilities accrued at the date of termination. Upon termination of this Agreement, all fees shall become due and payable immediately.

第 6 条 (契約終了の効果)

　本契約の終了は終了日に成立している権利又は義務に影響を及ぼさないものとする。本契約終了時に，全ての料金は即日支払われるものとする。

Article 7 (Warranty)

1．　X and Y hereby hereby represent and warrant that each has the full right and authority to perform all the obligations under this Agreement.

2．　Notwithstanding the provisions of the preceding paragraph, if any breach of warranty has occurred by either Party, the other Party may terminate this Agreement and the individual contract without any compensation to such Party.

第 7 条 (保証)

1．甲及び乙は，本契約における全ての義務を遂行するための完全な権利
　能力及び行為能力を有することを，ここに表明し保証する。

2．前項の定めにかかわらず，甲又は乙に保証違反がある場合は，相手方
　は本契約及び個別契約を，何らの補償をなすことなく終了させることが
　できる。

Article 8 (Confidentiality)

The information, documents, data and/or materials provided by one party to the other party shall be utilized by the other party solely for the purpose of performing its responsibilities and obligations under this Agreement, and shall not be disclosed to a third party other than the parties hereto; provided however that such other party may disclose such information, documents, data and/or materials to a third party when required by law or judicial or other governmental proceedings to disclose them.

第8条（秘密保持義務）

　一方の当事者が他方当事者へ提供した情報，文書，データ若しくは資料は，他方当事者が本契約に基づく責任及び義務を履行するためにのみ使用することとし，かつ，当該当事者は，かかる情報，文書，データ若しくは資料を本契約当事者以外の第三者に対し開示してはならない。ただし，当該他方当事者は，法律又は司法若しくはその他の行政訴訟手続により，当該情報，文書，データ，若しくは資料の開示を要求されたときは，第三者に対し開示することができる。

Article 9（Anti-social Forces）

At the time of execution of this Agreement, the X and Y represent and warrant to the each other that it, its parent company, and any of its subsidiaries, affiliates, directors, officers and employees are not crime syndicates, members of crime syndicate, crime syndicate-related companies or associations, corporate racketeer or any other antisocial forces（collectively, an "Antisocial Force"）and that it, its parent company, and any of its subsidiaries, affiliates, directors, officers and employees are not and will not involved in any actions or activities using, or jointly associated with, any Antisocial Force.

第9条（反社会的勢力の排除）

　X及びYは，本契約締結時，売主に対し，自ら，その親会社，子会社，関連会社，役員及び従業員は，暴力団，暴力団構成員，暴力団関係企業又は団体，総会屋，その他の反社会的勢力（以下，併せて「反社会的勢力」という。）でないこと，並びに，自ら，その親会社，子会社，関連会社，

役員及び従業員が反社会的勢力を利用し，又は反社会的勢力と連携しての行為又は活動に関与しておらず，今後も関与しないことを相互に表明保証するものとする。

Article 10（No Assignment）

Neither this Agreement nor any license or rights hereunder, in whole or in part, shall be assignable or otherwise transferable by any Party without the written consent of the other Party. Any attempt to do so in contravention of this Article shall be void and of no force and effect.

第10条（契約譲渡）

　いずれの当事者も他方当事者の書面による同意なくして，本契約又は本契約に基づくライセンスもしくは権利の全部または一部を譲渡し，またはそれ以外の方法で移転することはできない。本条に違反してその譲渡又は移転を試みた場合，これは，無効であり，かつ，一切効力を有しないものとする。

Article 11（Governing Law）

This Agreement shall be governed by and construed in accordance with the laws of Japan.

第11条（準拠法）

　本契約は日本法に準拠し，日本法に従って解釈されるものとする。

Article 12（Jurisdiction）

All actions or proceedings relating to this Agreement shall be conducted in the Tokyo District Court, and both Parties hereto consent to the exclusive jurisdiction of the said court.

第12条（裁判管轄）

　本契約に関する全ての訴訟は，東京地方裁判所で行われるものとし，両当事者は当該裁判所を専属管轄裁判所とすることに合意する。

Article 13 (Entire Agreement)

This Agreement sets forth the entire understanding and agreement between the Parties as to the subject matter of this Agreement and merges and supersedes all previous communications, negotiations, warranties, representations and agreements, either oral or written, with respect to the subject matter hereof, and no addition to or modification of this Agreement shall be binding on either Party hereto unless reduced to writing and agreed upon by each of the Parties hereto.

第13条（完全合意）

　本契約は，本契約の主題に関する両当事者間の完全な了解事項及び合意事項を定め，本契約の主題に関する口頭又は書面による従前の全ての連絡，協議，保証，表明及び合意事項に優先し，かつ，これらにとって代わる。又，本契約への追加又は修正が本契約の当事者を拘束するには，その追加又は修正を文書化し，かつ，本契約の両当事者それぞれがそれに同意することを要する。

Article 14 (Legally Binding Effects)

This Letter of Intent is legally binding in any respect.

第14条（法的拘束力）

　本書は，いかなる場合でも法的拘束力を有しないものとする。

IN WITNESS WHEREOF, the parties hereto have caused this Agreement to be executed in duplicate and each party shall keep one of the originals.

Date: _____

　Company X:

　Address: _____

Signature: _____

Name:

Title:

Company Y:

Address:

Signature: _____

Name:

Title:

　本契約締結の証として，契約書正本2通を作成し，甲，乙各1通を保有する。

令和○○年○○月○○日

甲株式会社

乙株式会社

⑶　プレスリリース目的のLOI

　プレスリリース目的で締結されたLOIの例ですが，目次（項目）だけのシンプルなもの（極端な例）です。ただし，これだけでは，契約の有効要件の必須条件の合意がないために，当然ですが，法的な効力が限定されます。

〔項目だけの中味のない合弁事業契約のLOIの例〕

Letter of Intent	レター・オブ・インテント
1．Incorporation of Joint Venture Company: 　　To set up Joint Venture Company for manufacturing Engines in Malaysia.	1．合弁会社の設立： 　　マレーシアにおけるエンジン製造の合弁会社の設立

2．Business Purpose of Joint Venture Company: To manufacture Engines	2．合弁会社の事業目的： エンジンの製造
1．Capital Ratio: To be separately agreed by the Parties hereto.	3．資本比率： 当事者によって別途合意される。
2．General Meeting of Shareholders of Joint Venture Company: To be separately agreed by the Parties hereto.	4．合弁会社の株主総会： 当事者によって別途合意される。
3．Directors and Management of Joint Venture Company: To be separately agreed by the Parties hereto.	5．合弁会社の取締役及び経営陣： 当事者によって別途合意される。
4．Governing Law and Jurisdiction: Singapore Law and Singapore court 【プレスリリース目的のため守秘義務条項はなし】 　X: 　Y: 　Z:	6．準拠法及び裁判管轄： シンガポール法とシンガポール裁判所 　X： 　Y： 　Z：

　最終的なゴールとして，締結すべき正式な「合弁事業契約書」をイメージするとすれば，基本的な契約条項（新設合弁会社の場合）を盛り込んだ契約書となるでしょう。

⑷ 合弁事業契約書（正式契約書）

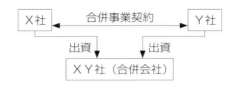

【解説】　この合弁事業契約は，2社以上の出資者が金銭や（技術・設備など）現物を出資して合弁会社を新規に設立して，新規のビジネスを行う場合で，「新規設立型」といいます。それに対して，既存の事業会社の資本金を増資して新株式を発行し，新しい出資者が新株の発行を引き受けて，新しい株主になり，結果的に既存の株主と一緒に合弁事業の形態になる「資本参加型」も活用されています。それぞれのメリット・デメリットは以下の通りです。

	新規設立型	資本参加型
買収監査	既存の会社の一部を購入することになるので，手間が掛かる買収監査が不要（メリット）	新規設立で，出資者は新規に出資するので，購入時の煩雑な買収監査は不要。（デメリット）
既存会社が保持する事業許可（ライセンス）の取得	事業許可（ライセンス）の申請と取得が必要である（デメリット）	既存会社が保持する事業許可（ライセンス）をそのまま使用できる。（メリット）

Joint Venture Agreement（合弁事業契約書）

1.　Establishment and Business Objectives of Joint Venture Company

1.1　Company X and Company Y shall cause a joint venture company (hereinafter, referred to as, "JVC") to be incorporated under the name of XY Corporation with an initial authorised capital amount of One Hundred Million Japanese Yen（¥100,000,000.00）divided into One Hundred Thousand（100,000）ordinary shares of One Thousand

Japanese Yen each and an initial issued share capital of Fifty Million Japanese Yen（¥50,000,000.00）subscribed for and issued to Company X and Company Y, in accordance with the following, amount :

　(i) Company X :　¥30,000,000.00（60％）

　(ii) Company Y :　¥20,000,000.00（40％）

1.2　The business objectives of JVC shall be as follows :

　(i) to manufacture and produce the Products ;

　(ii) to implement and conduct research and development work with respect of the Products ;

　(iii) to market, distribute and sell the Products in Japan ; and

　(iv) to implement and conduct other kinds of activities directly and indirectly related to any of the foregoing objectives.

第1条　合弁会社の設立及び事業目的

1.1　X社及びY社は，XYコーポレーションという名称の合弁会社（以下「JVC」とする。）を設立する。当該会社の当初授権資本金額は，日本円で¥100,000,000であり，当該資本金額は，1株あたり¥100,000株に分割される。及び，最初に発行される株式の資本金は，日本円で¥50,000,000とし，X社及びY社が，下記の金額に従って引き受け，株式が発行される。

　(i)　X社　　　　　　¥30,000,000.00（60％）

　(ii)　Y社　　　　　　¥20,000,000.00（40％）

1.2　JVCの事業目的は，下記のとおりとする。

　(i)　本製品の製造

　(ii)　本製品に関する研究開発の遂行及び実施

　(iii)　日本での本製品のマーケティング，供給及び販売

　(iv)　上記目的のいずれかに直接的及び間接的に関連する他の事業活動の遂行及び実施

2.　Conditions Precedent/Closing of Subscription of JVC Shares

2.1　This Agreement shall become effective upon the approval of the

Japanese Government ("Conditions Precedent").

2.2　Subject to satisfaction of the Conditions Precedent, the subscription of the Capital of JVC between Company X and Company Y shall together take place in 1-1-1 Chiyoda-ku, Tokyo 100, Japan on the seventh day after the satisfaction of the Conditions Precedent, (the completion of such subscription are hereinafter referred to as "Closing", and the date of Closing are hereinafter referred to as "Closing Date"). The Parties shall, by telegraphic transfer, cause to be paid to the bank account designated by JVC in Japanese Yen the amount specified respectively in Article 1.1 hereof.

第2条　停止条件及びJVC株式の引受完了

2.1　本契約は，日本政府の承認に基づき効力を発する（「停止条件」）。

2.2　停止条件を満たすことを条件に，X社及びY社間のJVC資本の引受は，停止条件を満たした後7日目に日本国東京都千代田区1-1-1にて同時に行われる（当該引受の完了は，以後「クロージング」と称し，以後，終了日を「クロージング日」と称する）。当事者は，JVCが指定する銀行口座に，本契約1.1条に各々規定されている金額を日本円にて，電信送金によって支払う。

3.　Pre-emptive Rights on Increase of Share Capital of JVC

3.1　In the event of any increase in the issued share capital of JVC after completion of the issue of the shares of JVC in accordance with Article 1, then existing shareholders of JVC shall have rights of subscribing newly issued shares, in proportion to then ownership ratio by respective party of the shares of JVC.

第3条　JVCの株式資本の増加に伴う新株引受権

3.1　本契約第1.1条に従ってJVCの株式が発行された後において，発行済株式資本が増加した場合には，既存のJVCの株主は，各出資者が有する当該株式のその時点での所有比率に比例して，発行される新株を引き受ける権利（新株引受権）を有する。

4. General Meeting of Shareholders of JVC

4.1 General Meeting of Shareholders of JVC shall be held at least once in every calendar year.

4.2 The quorum of a General Meeting of Shareholders shall be more than 50% of then issued and outstanding shares of JVC. Unless otherwise prescribed by law or agreed upon by the Parties, each and every resolution shall be decided by a simple majority of the votes cast except that any of the following matters shall be resolved unanimously by all of the then shareholders of JVC who have actually voted, as the case may be, with affirmative votes of the proxies or duly authorised representatives of the Shareholders :

(i) modification of the Articles of Incorporation of JVC :

(ii) merger, consolidation, division, dissolution, liquidation or winding up of JVC :

(iii) transfer or disposal of JVC's assets and/or business other than in the ordinary course of business :

(iv) increase and decrease of the authorized capital of JVC : or

(v) approval of audited annual financial statements of JVC.

第 4 条 JVC の株主総会

4.1 JVC の株主総会は，各暦年に少なくとも一度開催される。

4.2 株主総会の定足数は，JVC のその時点の発行済株式の50％を超えるものとする。各々の決議は，法令で規定されるか又は両当事者により別途同意された場合を除き，投票数の単純過半数により決定される。ただし，以下の事項は，実際に投票する JVC の全ての株主の全員一致により決議されるか，又は株主の代理人もしくは正当に権限を与えられた代表者による全員一致で賛成決議がなされるものとする。

(i) JVC の基本定款の修正

(ii) JVC の吸収合併，新設合併，分割，解散，清算

(iii) 通常の営業以外の JVC の資産及び事業の移転又は処分

(iv) JVC の授権資本の増加及び減少　又は

　(ⅴ)　JVC の監査済年次財務諸表の承認

5.　Directors of JVC

5.1　Upon the capital subscription referred to in Article 1.1 hereto, the Parties shall agree to nominate in total ten (10) directors of JVC to be appointed from each Party as follows：

　　Company X：six （6) directors

　　Company Y：four (4) directors

第 5 条　JVC の取締役

5.1　本契約の第1.1条に記載される資本の引受後，両当事者は，JVC の取締役を計10名選任し，各当事者より下記の通り指名することに合意する。

　　X 社：取締役 6 名

　　Y 社：取締役 4 名

6.　Management of JVC

6.1　Subject to decisions of the General Meetings of Shareholders, the business of JVC shall be managed by the Board of Directors of JVC. The Board of Directors shall decide all matters of JVC except those required to be approved, determined or decided by the General Meeting of Shareholders under the Japanese laws, the Article of Incorporation or this Agreement.

6.2　The quorum for a meeting of the Board of Directors shall be five (5) directors.

6.3　All matters shall be resolved by a simple majority of the members of the Board of Directors except any of the following matters shall be resolved by more than three-fourths of all the directors of JVC：

　　(ⅰ) change of JVC's corporate organization；

　　(ⅱ) resolution of dividends；or

　　(ⅲ) approval of annual, mid-term or long-term business plan of JVC.

第6条　JVCの経営

6.1　株主総会の決定に従い，JVCの事業はJVCの取締役会により経営される。取締役会では，日本国の法，基本定款又は本契約に基づき，株主総会による承認又は決定が要求される場合を除く全てのJVCの事項が決定される。

6.2　取締役の定足数は5名の取締役とする。

6.3　すべての決議案は取締役会のメンバーの単純過半数によって決議される。ただし，以下に記載するそれぞれの事項は，JVCの全取締役の4分の3を超える取締役による決議を必要とする。

(i)　JVCの会社組織の変更

(ii)　配当の決議，又は

(iii)　JVCの年次，中期若しくは長期の事業計画の承認

7.　Financing of JVC

7.1　The business of JVC shall be financed by its paid up share capital and, if determined necessary or appropriate by the Board of Directors, by borrowings from the financial institutions

7.2　The Parties shall cause JVC to make its best efforts to procure borrowings at its own responsibility and on most favorable terms obtainable and so far as allowed under the law to render its assets as mortgage or pledge against such borrowings, and if and when the bank or other financing institution concerned demands additional guarantee for any such borrowing, then the Parties shall provide such guarantee so far as allowed under the law in proportion to their respective shareholdings in JVC at the time of provision of guarantee.

第7条　JVCの資金調達

7.1　JVCの事業は，自らの支払い済み株式資本により，及び取締役会が必要又は適切と決定した場合に金融機関からの借入金により資本調達を行う。

7.2　両当事者はJVCに対し，自らの責任において，獲得しうる最も有利

な条件で，かつ，上記借入金に対して自らの資産を担保として差し入れる
ことが法にて認められる限り，借入金を調達するための最善の努力をせし
める。かつ，関係する銀行又はその他の金融機関がかかる借入に対し追加
保証を要求する場合には，両当事者は，上記の保証を付与する時点の
JVC の各当事者の保有株式に比例して，法に基づき認められる限り，か
かる保証を与える。

8.　Restrictions on Transfer of Shares

8.1　Any Shareholder may, subject to unanimous agreement in writing
of all other Shareholders of JVC, sell, transfer, assign, mortgage,
pledge charge, hypothecate or otherwise encumber, deal with or part
with the legal or beneficial ownership of any shares of JVC to a third
party. Such agreement shall not be unreasonably withheld.

8.2　Any Party who sells its shares to any party other than the Parties
hereto shall cause such purchasing third party to obey the provisions
of this Agreement, and shall further cause such third party to present
in writing its pledge to abide by those provisions of this Agreement
to the respective Party before the shares are transferred to such
purchasing third party.

第 8 条　株式譲渡の制限

8.1　いずれの株主は，JVC の他の全株主が書面によって同意することを
条件として，第三者に対し，JVC の株式の法的若しくは受益的所有権を
売却し，譲渡し，担保に供し，若しくはその他法的制限を課し，処分し，
又は部分的に処分することができる。上記の同意は，合理的な理由なく否
定できないものとする。

8.2　本契約における当事者以外の当事者にその保有株式を売却しようと
する当事者は，株式を購入する第三者に本契約の条項を遵守させなければ
ならない。かつ，株式が当該第三者に譲渡させる前に，本契約の条項を遵
守することを誓約書にて各当事者に対し，提示させるものとする。

　第9条以下は，一般条項として，本書116頁〔第3条〕〜122頁〔第14条〕を参照して下さい。

購買・建設入札

(1)　買主が購入の意向を示す場合の LOI・意向書

　売主の商品・サービスの買主の購入の意向を示す LOI・意向書です。日本企業的には，購入の「内示書」（法的には，購入の「予約」）にあたるでしょう。通例では，「売買基本契約書 Master Sale and Purchase Agreement」（購入者側から提示される「購買基本契約書 Master Purchase Agreement」も同じ売買基本契約書）を交渉・締結してから取引を開始することになりますが，これらの締結が遅れる場合には，とりあえず，注文書と注文請書ベースで取引が開始される会社があるとも聞きます。

　その場合には，詳細条件が定まらない状態，又は売主側あるいは買主側の約款が適用されることになるので，注意してください。→詳しくは，拙著『初めての人のための英文契約書の実務』の該当箇所（書式の争い）を参照してください。

LETTER-OF-INTENT（レター・オブ・インテント）

[Date]（[日付]）

To:（Seller's Name）（宛先：（売主の名前））

With respect to your proposal for me to purchase your Goods, I would like to offer my support to the project by way of this letter-of-intent. I offer the following as being a reasonable estimate of how much I would possibly spend and when the purchase would likely occur.

　当社が貴社の商品を購入することについての，貴社からの提案に関して，当社はこの書簡により，当該プロジェクトに対する当社の支援を提供したいと思います。当社は，購入金額，購入時期の合理的見積りを以下に提供します。

I plan to purchase approximately:

January	Qty		February	Qty
March	Qty		April	Qty
May	Qty		June	Qty
July	Qty		August	Qty
September	Qty		October	Qty
November	Qty		December	Qty

およその購入計画：

1月数量	2月数量
3月数量	4月数量
5月数量	6月数量
7月数量	8月数量
9月数量	10月数量
11月数量	12月数量

I understand that this letter-of-intent does not constitute a contractual agreement to purchase products from you, but rather offers my support to the venture and indicates my genuine interest in considering your business when the need arises.

【法的拘束力規定】

　このレター・オブ・インテントは貴社から製品を購入する契約上の合意を構成するものではなく，むしろベンチャーへの当社の支持を提供し，必要が生じたとき貴社の事業を検討することへの当社の真の関心を示すと当社は理解しています。

【守秘義務規定】

【一般条項】

Yours truly,（敬具）

（Buyer）（買主）
Company Name:（会社名：）

Business Name:（商号：）

Phone Number:（電話番号：）

　最終的なゴールとして，締結すべき正式な「売買基本契約書」をイメージするとすれば，以下の基本的な契約条項を盛り込んだ契約書となるでしょう。

　売買基本契約書の条項は一般的に次のように構成されます。

《売買基本契約書の条項構成》
①　対象商品の特定，仕様・品質・数量など
②　売買価格
③　支払条件
④　引渡条件（船積条件）
⑤　所有権・危険負担の移転
⑥　品質保証，製造物責任
⑦　検査・検収
⑧　梱包・荷印
⑨　知的財産権の帰属
⑩　不可抗力
⑪　契約違反及び契約解除
⑫　一般条項（損害賠償責任，免責，補償，守秘義務，完全合意，契約譲渡，準拠法，紛争解決など）

(2)　建設プロジェクトの入札内示の LOI・意向書

　次に示すのは，ゼネコンや政府から，建設業者に対する建設プロジェクトの入札内示を示すレター・オブ・インテント・意向書のサンプルです。

〔パターン1〕

Sample Letter of Intent for Construction Project（建設プロジェクトの LOI・意向書のサンプル）

[Date]（[日付]）
Mr. John Price
ABC Construction Ltd.
[Address]
ジョン・プライス様
ABC コンストラクション株式会社
（[住所]）

[Subject: Letter of Intent for Road construction project]
Dear Mr. John Price,

We are delighted to inform you that, your construction company has won the bid for the Road Construction project.

[件名：道路工事プロジェクト意向書]
　あなたの建設会社が Road Construction プロジェクトの入札を獲得したことをお知らせいたします。

You have been allotted a preliminary funding of $7,500,000 for your services. You are now authorized to execute services as per our regulations up to a funding limitation no to exceed $10,000,000. We request you to submit immediately the following documents, via e-mail.
　貴社は貴社が提供するサービスのために7,500,000ドルの予備資金を割り当てられました。貴社は，10,000,000ドルの資金制限まで当組織の規則に従ってサービスを実行する権限を現在与えられています。当組織は貴社に対して，電子メールで，次の書類を直ぐに送信するようにお願いします。

List of Documents to be submitted by [Date]

xxx

xxx

［日付］までに提出される文書のリスト

xxx

xxx

[Legal binding provision]

It is the intent of our company, Government Infrastructure, to enter a formal agreement with Construction Ltd. The funding supplied shall be as per the purchase order of our company expected to be released in two (2) weeks.

We await working in collaboration with your esteemed organization on this very important project. We will contact you as soon as possible for talking the terms of the contract.

【法的拘束力規定】

　コンストラクション・リミテッドと正式な契約を締結することが当社，政府インフラストラクチャーの意図です。当該資金は，２週間以内に発送されると予想される当社の購入注文により支給されるものとします。

　私たちは貴社の尊敬される組織と共同でこの非常に重要なプロジェクトに取り組むのを楽しみにしています。契約条件については，できるだけ早くご連絡いたします。

[confidentiality]

【守秘義務規定】

[general provisions]

【一般条項】

Yours sincerely,

Tom Clinton

General Manager,

Government Infrastructure

敬具

トム・クリントン

ゼネラルマネージャー，

政府インフラストラクチャー社

最終的なゴールとして，締結すべき正式な「請負基本契約書」をイメージするとすれば，以下の基本的な契約条項を盛り込んだ契約書となるでしょう。

　1．目的
　2．定義
　3．適用範囲・個別契約
　4．委託料・支払方法
　5．納期
　6．再委託
　7．役割分担
　8．責任者・連絡協議会
　9．業務・終了確認
　10．納入引渡・検査
　11．契約不適合責任
　12．契約変更
　13．資料の提供・返還
　14．個人情報
　15．権利帰属
　16．免責・補償
　17．一般条項

　次の〔パターン2〕はゼネコンや政府から，建設業者に対する建設プロジェクトの入札内示を示すレター・オブ・インテントのサンプルです。

〔パターン2〕　レター形式で受領のカウンターサインを求めています。

Sample Letter of Intent for Construction Project（建設プロジェクトのインテントレターのサンプル）

[Date]（[日付]）
John Price
Construction Manager
ABC Construction Company
[Address]
ジョン・プライス
建設部長
ABC コンストラクションカンパニー
（[住所]）

Project: Amy Houses
Your firm has been chosen as the successful builder to handle Project Amy Houses in which you are the apparent low bidder. Please consider this document as a Letter of Intent to issue the contract to you, following successful completion on the period mentioned here.
プロジェクト名：エイミー・ハウスの件
　貴社は明らかに最も低い価格の入札者でしたので，プロジェクトエイミーハウスを取り扱う成功した建築会社として選ばれました。ここに記載されている期間中に手続きが正常に完了した後で，この文書を契約書を発行するためのレター・オブ・インテントとみなしてください。

This Letter of Intent is contingent upon ABC Construction Company, receiving a formal contract. Please note that no labor or order of material is to be performed until the formal contract is signed by both parties.

【法的拘束力規定】

　このレター・オブ・インテントは，正式な契約を受けている ABCConstruction Company に左右されます。正式な契約が両当事者によって署名されるまでは，労務の提供や材料の発注を行ってはいけません。

Please refer to the following terms:
• ABC Construction Company shall submit all specified information in the enclosed list for approval within 30 working days of the receipt of this Letter of Intent
• All certified data must be submitted within 20 days of approval
• All onsite work must be completed within 365 days after start of project
Please indicate the acceptance of this Letter of Intent by signing both copies and returning one copy to the undersigned.

　次の条件を参照してください。
• ABC Construction Company は，このレター・オブ・インテントを受け取ってから30営業日以内に，同封のリストに記載されているすべての情報を承認のために提出します。
• すべての認証データは，承認後20日以内に提出する必要があります。
• すべての現地作業はプロジェクト開始後365日以内に完了しなければなりません。

　両方のコピーに署名し，１つのコピーを下記の署名者に返却することによって，このレター・オブ・インテントへの承諾を示してください。

【守秘義務規定】

【一般条項】

Respectfully,（敬具）
Mark King（マーク・キング）

Accepted by：＿＿＿＿＿＿＿＿＿＿＿承諾しました。

Company name（会社名）：

Title（役職）：

Name（氏名）：

Date（日付）：＿＿＿＿＿＿＿＿

　最終的なゴールとして，締結すべき正式な「請負基本契約書」をイメージするとすれば，前述の基本的な契約条項を盛り込んだ契約書となるでしょう。

販売店・代理店契約

(1) 販売店指名予定の LOI

　海外の国や地域で販売店を指名する場合には，多くの場合，販売店候補は，販売店契約（Distributor Agreement）の締結を要求してきます。しかし，供給者（メーカー）側としては，自己の商品やサービスを取り扱った実績がないところへ，いきなり販売店（Distributor）の資格を与えることはリスクを伴います。

　まずは，スポット取引で先方の Performance を見てから，正式な販売店契約の締結という順番になるでしょう。他方，販売店候補側では，金融機関からの運転資金の融資を得るときに有利に働くので，正式な販売店契約をいきなり要求してくる場合が多くあります。そこで，よく行われる折衷案として，「将来 Distributor に指名する予定である」とか「将来 Distributor 契約を交渉する用意がある」とする主旨の LOI の形式が採られることが多くなっています。

Letter of Intent

レター・オブ・インテント

This Letter of Intent ("LOI") is executed as of June 20, 2021 by and between Tomita Motors Corporation ("Tomita") and Heinz Sales GMBH ("Heinz").

　本レター・オブ・インテント（以下「LOI」という）は，トミタ自動車株式会社（以下「トミタ」という）およびハインツ販売有限責任会社（以下「ハインツ」という）の間で2021年6月20日に締結された。

The Parties hereto hereby agree as follows :

　本契約の当事者は以下のとおり合意する。

1. Tomita is prepared to discuss distributorship agreement with Heinz for distribution and service of RX100 in Germany.

トミタは，ハインツと，ドイツにおける RX100 の供給およびサービスのためにディストリビューター契約の交渉をする用意がある。

2．Tomita and Heinz shall initiate sale and purchase of RX100 for resale in Germany as a spot basis.

トミタとハインツは，スポットベースで，ドイツにおける RX100 の再販売のため RX100 の売買を開始する。

3．Tomita and Heinz shall keep in confidence confidential information which has been received from other Party.

トミタとハインツは，他方当事者から受領した秘密情報の機密を保持するものとする。

4．This LOI is not legally binding on the Parties hereto except for Section 3 hereof.

本 LOI は，第 3 条を除き当事者に法的拘束力をもたないものとする。

IN WITNESS WHEREOF, the Parties hereto have caused this LOI to be executed in duplicate on the date first written above.

以上を証するため，本契約の当事者は，上記の日付で本 LOI を 2 通締結した。

Tomita Motors Corporation　　トミタ自動車株式会社
Heinz Sales GMBH　　ハインツ販売有限責任会社

(2)　代理店保護法制

　LOI や覚書の締結で，1 つ注意しておくべきは，各国の販売店保護法制に注意する必要があります。海外企業との取引では，いったん販売店契約を締結すると，簡単には解消できないケースがあります。自社製品を海外に販売するために，海外企業との代理店（Agent）または販売店（Distributor）契約を考え

る場合，自国の代理店・販売店（自国の外国ブランドへの投資家・資本家）を保護する法制度が多くの国に存在しますので注意が必要です。すなわち，輸出者またはメーカーなどからの一方的な代理店・販売店契約の終了を制限するなどの代理店保護措置（投資回収が不十分な契約期間の延長，非独占的販売権の規定を独占的販売権と解釈，未回収の投資への投資補償金の支払い，他国法律を準拠法とすることを禁止，その他の契約終了時の代理店保護措置など）を講じています。

　各国の販売店保護法制は，必ずしも制定法に限りません。判例法で認められている場合もあります。主に EU，中近東，中南米地域，アジア（韓国・中国・インドネシアなど）では当該規制に注意してください。欧州大陸では，代理店保護法は存在しませんが，判例法によって，レター・オブ・インテントで「代理店契約の交渉の用意がある」趣旨の書面を出しただけで，投資補償金の支払い義務を認める場合がありますので，他の地域でも要注意です。そこで，海外との取引で代理店・販売店契約を考える場合には，その国の代理店・販売店法制を事前に十分に調査することが必要です。

地　域	概　　　要	備　考
EU	契約終了時のルールを理事会指令86/653/EEC（1986年12月18日付）で制定。 a．代理店は契約終了にあたり，利益の損失とこれまでの投資の補償を輸出者又はメーカー等に請求可能。 b．期間の定めのない代理店契約は双方いずれかからの通告で終了可能。但し通告期間は，契約1年目は1カ月間，2年目は2カ月間，3年目以上は3カ月間が必要。但し契約違反など特別な事情がある場合即時契約終了可能。	EU 各国で制定法や判例法がある国がある
中近東諸国	a．各国独自の代理店法（OR 商法，民法などで規定）がある（販売店も含まれる）。 b．国内商業活動を自国民・自国企業に限定している国が多い。 c．締結済み代理店契約は政府当局への登録を義務付ける。 d．メーカーによる（契約上）契約終了権の	国によって規制の強さや内容，準拠法等が異なる。

	濫用，不当な契約更新の拒否に対して，補償請求権を代理店に付与。	
中南米諸国	a．中南米諸国では代理店法が多い。 b．契約終了・解除の条件は，両当事者の合意，正当理由，解除予告等が必要。 c．正当理由とは，代理店の契約不履行・違反，詐欺・背信行為及び無能，怠慢など。 d．補償金の支払いは，契約で規定されている契約終了・解除の条件以外の場合に必要。 e．代理店を解雇された従業員に対する労働法上の補償の義務がある国もあり。	
米国	・統一的な代理店保護法はないが，実質的な「代理店保護法」として独禁法違反により，①再販売価格の拘束，②販売地域の指定，③ボイコットなどの主張される可能性がある。 ・コモンロー（判例法）によって契約解消に合理的予告期間が要求されるケースもある。	
中国	・代理店保護法は定められていないが，代理店の利益を保護する法律上の規定がある。 ・契約法第97条により，正当理由なしに継続的な契約を解除するときに補償を請求される可能性がある。	
インドネシア	販売代理店に関し商業省に登録が必要。契約終了時には登録の抹消が必要となる。速やかに登録を抹消するには代理店の協力が必要。	

参考：【JETRO ホームページ】代理店契約で自国企業（代理店）を保護している地域とその概略（調査時点：2017年 5 月）

　最終的なゴールとして，締結すべき正式な「ディストリビュータ契約書」をイメージするとすれば，本書183頁の基本的な契約条項を盛り込んだ契約書となるでしょう。

M&A 企業・事業買収

　M&A 企業・事業買収プロジェクトの開始から契約実行までは，概ね以下の流れになります。

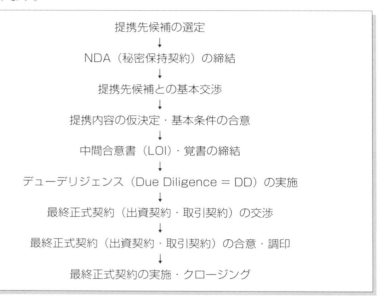

提携先候補の選定
↓
NDA（秘密保持契約）の締結
↓
提携先候補との基本交渉
↓
提携内容の仮決定・基本条件の合意
↓
中間合意書（LOI）・覚書の締結
↓
デューデリジェンス（Due Diligence ＝ DD）の実施
↓
最終正式契約（出資契約・取引契約）の交渉
↓
最終正式契約（出資契約・取引契約）の合意・調印
↓
最終正式契約の実施・クロージング

⑴　会社買収 M&A の LOI の条項と解説

LOI（レター・オブ・インテント）

This Letter of Intent is made as of [Date] by and between X, Inc. ("Buyer") and Y, Ltd. ("Seller") in respect of Buyer's possible acquisition of all the issued and outstanding shares of XYZ Corporation ("XYZ") held by Seller.

　本書面は，○日付けで，X社（以下「買主」という）が予定しているY社（以下「売主」という）の保有するXYZコーポレーション（以下「XYZ」という）の全発行済株式の取得に関して，買主と売主との間で締

結された。

1．Seller shall sell all the issued and outstanding shares of XYZ at the price of US$20,000,000.00, subject to the condition that Buyer shall have completed their legal, business, and accounting due diligence of XYZ.

売主は，買主による XYZ の法的な，事業上の，および会計上のデューデリジェンスの完了を条件として，XYZ の全発行済株式を20,000,000米ドルで売却する。

売主は買主による XYZ 社のデューデリジェンスの完了を条件に，XYZ 社の全株式2,000万米ドルで売却すると規定しています。この売買価格は最終的な合意までに，デューデリジェンスの結果によっては隠れた負債が発見された場合，その分減額されるなど，調整される可能性はあります。

2．The consideration to be paid by Buyer to Seller shall be as follows: (ⅰ) the sum equivalent to 60% of the purchase price is to be paid upon the Closing Date and (ⅱ) the remaining 40% is to be held in an interest bearing account for one year in order to secure Buyer against any loss and/or damage.

買主が売主に支払う対価は以下のとおりとする。(ⅰ)購入価格の60%相当の金額はクロージング日に支払われるものとし，(ⅱ)残りの40%は，買主を損失もしくは損害から保護するために，1年間，利子付き口座に預けられるものとする。

支払条件を規定しています。対価を買収実行日（クロージング日）に6割，残り4割を1年後に支払うと規定しています。

これはなぜかというと，買収された会社が隠れた負債を持っていることが後々から出てくるケースが多いためです。そこで，4割を預り金のような形で保管し，価格の調整があればそこから払うという規定をすることで損失補てんを担保しています。

> ３．Any information related to the performance of this Letter of Intent shall be kept and maintained strictly confidential and shall not be disclosed to any third party without the prior written consent of the other party.
>
> 本合意の履行に関するいずれの情報も極秘に保持され，他方当事者の文書による事前の同意なしに，いかなる第三者にも開示してはならない。

一般的な守秘義務条項です。

> ４．During the term of this Letter of Intent, Seller shall not have any discussions with anyone other than Buyer concerning the sale of any shares of XYZ.
>
> 本書の有効期間中，売主は XYZ 株式の売却に関して買主以外のいかなる第三者とも協議を行ってはならない。

LOI の有効期間中（期間は次の第５条で規定）に，売主は買主以外の第三者と交渉してはいけないとあります。つまりこれは「独占交渉権」の条項です。

本書69頁で紹介した通り，日本の都銀大手Ａ行の買収では，この種の覚書がＡ行とＢ行の間で交わされたにもかかわらず，最終的にＡ行はＣ行と合併したわけです。裁判になり，Ａ行側の契約違反という和解合意がなされ，Ａ行は億単位の損害賠償額を支払ったと報道されています。

つまり，独占交渉権については，ここに規定した場合，それが侵害されると損害賠償の対象となり得ることに注意が必要です。予め契約違反の違約金を合意しておけば（例えば，購入価格の10％など），裁判をする必要もなかったと思います。

> ５．This Letter of Intent shall become effective from the date of this Letter of Intent and shall be valid for the period of three（3）months.
>
> 本書は冒頭に記載された日から効力を生じ，３カ月間有効とする。

本 LOI の有効期間は効力発生日から３カ月間と規定されています。

6．This Letter of Intent shall be governed by and interpreted in accordance with the laws of Japan. Any disputes arising out of this Letter of Intent shall be resolved exclusively in the Tokyo District Court.

本 LOI は日本法に準拠し，日本法に基づいて解釈されるものとする。本書から生じるいかなる紛争も東京地方裁判所を専属裁判管轄として解決されるものとする。

準拠法は日本法に基づくと規定しています。英米法では，契約の成立には当事者間に consideration（約因，対価関係）が存在することが必要ですが，ここでは日本法が準拠法になっているため，consideration は不要です。

しかし，ニューヨーク州法など英米法系の法律が準拠法になっている場合には consideration が必要です。英米法系の法律が準拠法になっている場合には，対価関係をもたせるため，通常，第４条のように「独占交渉権」を付与される場合，オプション料を支払います。英米法では，この支払いがないと，独占交渉権条項の法的拘束力が認められないのではないかと思います。ただし，売主にもメリットがあった，つまり，優良な買主と交渉できるというオプション権を買ったという位置付けであれば，対価関係が存在すると考えることもできます。

7．This Letter of Intent is not legally binding except for the Sections 2, 3, 4, 5, 6 and 7.

本 LOI は，第２条，第３条，第４条，第５条，第６条及び第７条を除き，法的拘束力を有しないものとする。

【本書79頁のバリエーションを参照】

これが一番重要かもしれませんが，This Letter of Intent is not legally binding（本 LOI は法的拘束力を有しない）と規定しています。ただし，except for the Sections 2, 3, 4, 5, 6 and 7（第２条，第３条，第４条，第５条，第６条及び第７条を除き）となっています。

つまり，第１条の「価格」以外は法的拘束力を持つということです。

ですから，この文書全体に法的拘束力を持たせたくないのであれば，not

legally binding という文言はそのままにして，except 以下を除きます。

　最近では，not legally binding を入れて法的拘束力をなくし，契約書を骨抜きにしてしまうと，契約締結の熱意や意思自体を疑われてしまうという傾向があります。そのため，コミットしていける部分は積極的にコミットしていくという傾向が強まっています。

IN WITNESS WHREOF, the duly authorized representatives of the parties have caused this Letter of Intent to be executed in duplicate as of the date first above written.

　上記の証として，正当な権限を有する両当事者の代表者は冒頭に記載された日付に本書2通を締結した。

X, Inc.（Buyer）（買主 X 社）

Y, Ltd.（Seller）（売主 Y 社）

General Provisions（一般条項）

　なお，LOI に法的拘束力を発生させるか否かについて，以下のいくつかのパターンが考えられます（条項案のパターンについては本書79-81頁を参照）。

　最終的なゴールとして，締結すべき正式な「企業買収契約書」をイメージするとすれば，以下の基本的な契約条項を盛り込んだ契約書となるでしょう。

　1．目的
　2．譲渡株式
　3．譲渡価格
　4．公租公課の負担
　5．デューデリジェンス（買収時監査）
　6．クロージング（譲渡の実施）
　7．譲渡日までの事業運営
　8．競業避止義務

9．一般条項

(2)　事業買収の LOI (1)

　会社買収ではなく，会社の一部の事業部門の買収のケースの LOI サンプルです。

［Date］（日付）

John Price
President
Seller, Inc.
［Address］
（住所）
売主株式会社
社長　ジョン・プライス様

Dear Mr. Price,

We hereby submit a letter of intent to purchase your business ABC Division, its inventory and other assets. We envisage that the principal terms of the proposed transactions would be substantially as follows.

　プライス様

　当社は，貴社 ABC 事業部門，その在庫及びその他の資産を購入するという LOI をここに提出します。提案されている取引の主な条件は，実質的に以下の通りであると当社は考えています。

We would acquire ABC Division including its facilities located at ［Address］, its logo, brand, brand equity and customer lists. Furthermore, we would acquire all office and field equipment and inventory. As part of the deal, we would assume the current outstanding debt of $500,000.

［住所］にある施設，そのロゴ，ブランド，ブランドエクイティ，顧客リストを含む ABC 事業部門を買収する予定です。さらに，私たちはすべてのオフィス及びフィールド機器と在庫品を取得するでしょう。取引の一部として，当社は現在の未払債務を50万ドルと想定しています。

As consideration for this, we would provide compensation of $4,000,000 as follows:

1．$500,000 deposit on execution of a purchase agreement
2．$1,000,000 after 15 day transfer period
3．Balance in equal payments paid monthly the first 6 months after closing

その対価として，次のように400万ドルの金額を支払います。

1．購入契約締結時に50万ドルの保証金
2．15日間の移行期間後に100万ドル
3．購入実行後の最初の6ヶ月間に毎月支払われる残高の均等支払い

As part of this letter of intent, we would require that you cease shopping for other buyers for a period no less than 60 days to provide us time to complete due diligence and finalize the agreement. We would also require that you do not disclose our intent to purchase until after the purchase agreement has been completed and we can issue a joint press release.【守秘義務規定】

このLOIの一部として，当社は，デューデリジェンスを完了して契約を締結する時間を確保するために，少なくとも60日の間，他の買主からの購入を中止することを貴社に要求する。また，購入契約が完了し，共同プレスリリースを行えるようになるまでは，LOIを開示しないように要望します。

This letter is not an official purchase agreement. All of the terms and conditions of the proposed transaction would be stated in the Purchase

Agreement, to be negotiated, agreed and executed by both parties.【法的拘束力規定】

　このLOIは正式な購入契約ではありません。提案された取引のすべての契約条件は購入契約書に記載され，両当事者によって交渉，合意及び締結されます。

If we are selected as a prospective buyer, we anticipate that from the selection date to the closing will take no more than 45 days.

　当社が将来の買主として選ばれるのならば，当社は選択された日から実行日まで45日以内になると想定しています。

【一般条項】

Sincerely,　敬具

Tom Clinton
CEO, Buyer, Inc.
［Address］
［住所］
バイヤー社 CEO
トム・クリントン

　最終的なゴールとして，締結すべき正式な「事業譲渡契約書」をイメージするとすれば，以下の基本的な契約条項を盛り込んだ契約書となるでしょう。

1．目的
2．譲渡資産
3．譲渡価格
4．公租公課の負担
5．従業員

6. デューデリジェンス（買収時監査）
7. クロージング（譲渡の実施）
8. 譲渡日までの事業運営
9. 競業避止義務
10. 一般条項

(3) **事業買収の LOI** (2)

会社買収ではなく，事業買収のケースの LOI のサンプルです。

Your Name（貴社の名前）
Your street address（貴社の住所）
Your city and state（貴社の市と州）
Date（MM/DD/YYYY）（日付）

Dear [present owner]：
After our discussion on [Date], my business partners and I discussed the situation, and we concluded that we intend to purchase your software business. We are willing to pay your requested purchase price of $750,000, which includes both the software business and all the equipment necessary to operate it, as per our discussion.
We would like to meet with you on [Date], to finalize the sale. We will bring all the necessary paperwork, signed and completed, and we will tender payment, as agreed. At that meeting, we will also set a date that will not exceed thirty (30) days for when we will take over the operation.
親愛なる［現在の所有者］：
　［Date］に行われた議論の後，当社のビジネスパートナーと私は本件の状況について議論しました。そして当社は，貴社のソフトウェア事業を購入する計画を決定しました。私達の議論によれば，私達はあなたの要求す

る購入価格75万ドルを支払う意思があります。それは貴社のソフトウェア事業とそれを経営するのに必要なすべての機器の両方を含みます。

　販売を確定するために，［Date］に貴社とお会いしたいです。当社は必要な書類をすべて持参して署名して完成させ，そして合意された通りに支払いを行います。その会議で，当社は当社が経営を引き継ぐための30日を超えない日付を設定します。

【法的拘束力規定】　オプション
【守秘義務規定】
【一般条項】
Sincerely，敬具
［Signature］［署名］
Typed name，タイプした名前

　最終的なゴールとして，締結すべき正式な「事業買収（営業譲渡）契約書」をイメージするとすれば，以下の基本的な契約条項を盛り込んだ契約書となるでしょう。

　1．目的
　2．譲渡資産
　3．譲渡価格
　4．公租公課の負担
　5．従業員
　6．デューデリジェンス（買収時監査）
　7．クロージング（譲渡の実施）
　8．譲渡日までの事業運営
　9．競業避止義務
　10．一般条項

(4) 事業買収の基本合意書

Basic/Master Agreement (**基本合意書**)

○○○○ Co., Ltd. (hereinafter referred to as "X") and ○○○○ Co., Ltd. (hereinafter referred to as "Y") shall conclude the following basic agreement (hereinafter referred to as "Agreement").

　○○○○株式会社（以下，「X」という。）及び株式会社○○○○（以下，「Y」という。）は，以下のとおり基本合意書（以下，「本合意書」という。）を締結する。

Article 1 (Purpose)

This Agreement stipulates the transfer of the business and intellectual property rights (hereinafter referred to as "Transferred Business") owned by X to Y on the condition of the accuracy of the financial information received by Y from X., as well as other basic matters concerning the transfer of the employee of Y to X, before a formal contract is executed between X and Y.

第1条（目的）

　本合意書は，YがXから受領した財務情報の正確性を前提として，Xが保有する事業及び知的財産権（以下，「対象事業」という。）をYに譲渡すること（以下，「本譲渡」という。），その他Xの従業員のYへの移籍に関する基本的事項について，正式契約の締結に向けた基本合意を定めたものである。

Article 2 (Price of the Transferred Business)

The current value of the Transferred Business described in Attachment 1 is JPY XX million, and X will purchase and acquire the Transferred Business owned by Y for XX million yen.

第2条（対象知財の譲渡金額）

　別紙1に記載する対象事業の現在価値はXX百万円とし，Yは，Xの保有する対象事業をXX百万円で取得する。

Article 3（Closing Date, etc.）

The formal contract will be scheduled to be concluded on the ［date］, and the transfer Closing Date will be scheduled to be ［date］.

第3条（譲渡日等）

　正式契約の締結は○年○月○日，譲渡実行日は○年○月○日を目途とする。

Article 4（Transfer of employees, etc.）

X shall transfer the employees listed in Attachment 2 who are employed by X as of the ［date］. However, if there is a change in the number of employees employed by X as of the ［date］ and before the transfer closing date, X and Y will discuss and agree the transferred employees.

2　The timing of transfer will be discussed and agreed separately between X and Y.

3　X and Y will make the best efforts to obtain consent, from each of X employees, for the transfer of X employees to Y.

4　In the event that there is a risk of the operation of X due to the failure to satisfy Articles 1 to 3 hereof, the transfer of the Transferred Business from X to Y will be discussed and agreed between X and Y before the formal contract is concluded.

第4条（従業員等の移籍）

　Xは，○年○月○日時点でXに在籍する別紙2に記載する社員を，Yの社員として移籍させるものとする。ただし，○年○月○日以降，移籍日までにXの在籍人員に異動が生じた場合は，その時点でXY協議する。

2　移籍の時期は，XY間で別途協議・合意する。

3　X及びYは，Xの社員のYへの移籍に係る同意を取得することについ

て最大限努力する。

4　本条第1項乃至第3項が充足されなかったため業務上会社運営に支障
をきたすおそれがある場合におけるXからYに対する対象事業の譲渡に
ついては正式契約の締結までにXY協議のうえ合意する。

Article 5 (Assignments of X's contract)

X shall endeavor to assign, to Y, the contractual positions and the rights
and obligations of X in the contract (shown in Attachment 3) that X
have already concluded with X' customers and vendors as of the [date].

第5条（Xの取引契約の承継）

　Xは，○年○月○日時点でXがその顧客及びベンダーと既に締結した取
引契約（別紙3に示す）におけるXの契約上の地位及び権利義務をYに承
継させるように努めるものとする。

Article 6 (Audit)

After signing this agreement, Y will conduct an audit by itself and have
a lawyer, a certified accountant and other advisors perform the audit.
Such audits will be conducted in accordance with the audit plan
separately designated by Y.

2　Relating to this transfer, X will disclose all the information that is
reasonably and objectively deemed necessary among the information
requested by the lawyer, certified accountant and other advisors
entrusted with the audit by Y.

3　Y may suspend the review of this transfer or change the transfer
price if it is found by the audits, etc. to be carried out in the future,
that there is a matter that has a significant adverse effect on the
business of Y.

第6条（監査）

　Yは，本合意書調印後に，自ら監査を行うとともに，弁護士，公認会計
士その他のアドバイザーに監査を行わせる。かかる監査はYが別途定める

監査計画に従って行われる。

2　本譲渡にあたりＸは，Ｙが監査を委託した弁護士，公認会計士その他のアドバイザーが要求した情報のうち，合理的かつ客観的に必要と認められるすべての情報を開示する。

3　Ｙは，今後実施する監査等により，Ｘの事業に重大な悪影響を与える事由の存在等が認められた場合には，本譲渡に係る検討を中止又は譲渡金額を変更することができる。

Article 7 (Non-Competition Obligations)

For [x] years from the date of the transfer, X and its subsidiaries and affiliates shall not, by itself or through its own subsidiaries and affiliates, conduct the same or similar business as the Transferred Business described in Attachment 1.

第７条（競業避止義務）

　譲渡日からｘ年間は，Ｘ並びにその子会社及び関連会社では，別紙１に記載する対象事業と同一もしくは類似する事業を，自ら，自己の子会社及び関連会社をして，又は他の者に委託して事業として実施しないこととする。

Article 8 (Exclusive negotiation)

After the date of conclusion of this Agreement, X may not negotiate with any third party other than Y, in order to conclude a contract for the purpose of transferring the Transferred Business described in Attachment 1, or the intellectual property therein or the voting shares of X.

第８条（優先交渉権）

　Ｘは，本合意書締結日以降，対象知財の譲渡，その他Ｘの事業や株式の譲渡を目的とした契約を締結するために，Ｙ以外の如何なる第三者とも交渉してはならない。

Article 9（Publication contents, methods）

The subject matter of this Agreement will be announced after the formal contract is concluded, provided, the content of the announcement, the method of announcement, the date of announcement, etc. will be agreed upon after discussions between X and Y.

第9条（公表内容，方法）

　本件については正式契約締結後に公表することとするが，公表内容，公表方法及び公表日等についてはＸＹ協議のうえ合意する。

Article 10（Procedures and expenses bearing until the transfer closing date）

The preparation of this Agreement and the formal contract and the expenses and costs incurred by X and Y in connection with this Agreement, shall be borne by each Party.

2　Y will bear the expenses and costs for the audit.

第10条（譲渡日までの手続・費用負担）

　本合意書及び正式契約書の作成並びにこれに関してＸＹに発生する費用は，それぞれの個別の負担とする。

2　監査を行うにあたり第三者に支払う費用についてはＹで負担する。

Article 11（Confidentiality）

The non-disclosure agreement（hereinafter referred to as "non-disclosure agreement"）concluded between X and Y on the ［date, 2021］ shall be applied to the information disclosed and received based on this Agreement.

第11条（機密保持）

　本合意書に基づき開示された情報は，2021年○月○日付でＸＹ間で締結した秘密保持契約（以下，「機密保持契約」という）が適用されるものとする。

Article 12 (Term of this Agreement)

X and Y may terminate the review of this transfer at any time by notifying to the other party. In addition, if the formal contract is not concluded within [x] months after the conclusion of this Agreement, the review of this transfer shall be automatically terminated unless otherwise agreed.

2 　When the review of this transfer is completed, the provisions of this Agreement shall cease its validity except for Articles 8, 10 and 11 hereof.

第12条（基本合意書の有効期間）

　X及びYは，相手方に通知することによって，本譲渡の検討をいつでも終了させることができるものとする。また，本合意書締結後xカ月経過しても正式契約締結に至らなかった場合には，別段の合意がない限り，本譲渡の検討は自動的に終了するものとする。

2 　本譲渡の検討が終了した場合には，本合意書の条項は，第8条，第10条及び第11条を除いて，その効力を失うものとする。

Article 13 (Legally binding effects)

The provisions of this Agreement shall not be legally binding, with the exception of Articles 8, 9, 10, 11, and 12 hereof.

第13条（法的拘束力）

　本合意書の規定は，第8条，第9条，第10条，第11条及び第12条を除き，法的拘束力を生じさせるものではない。

IN WITNESS WHEREOF, the parties hereto have caused this Agreement to be executed in duplicate and each party shall keep one of the originals.

Date: _____

Company X:

Address:

Signature: _____

Name:

Title:

Company Y:

Address:

Signature: _____

Name:

Title:

Attachment 1

Transferred Business and intellectual property

[Please specify]

Attachment 2

Employees to be transferred

[Please specify]

Attachment 3

List of Y's contracts to be assigned to X

The rights and obligations occurred by the [date], shall belong to Y, and the rights and obligations arising after the [date], shall belong to X.

〔Contract with the customers〕

〔Contract with the vendors〕

　以上の通り合意したので，本書2通を作成し，ＸＹ記名押印の上，各1通を保有する。

20XX 年○月○日

Ｘ　東京都

○○○○株式会社

代表取締役

○○○○

Ｙ　東京都

株式会社○○○○

代表取締役社長

○○○○

別紙1

対象知的財産

【具体的に特定してください】

別紙2

移籍対象社員

【具体的に特定してください】

別紙3

Ｙへ承継させるＸの取引契約の一覧表

　○年○月○日までに発生した債権債務はＸに帰属し，それ以降に発生し

た権利義務はYに帰属するものとする。

【顧客との契約】

【ベンダーとの契約】

プロジェクト段階的覚書

　段階的覚書の実例として，「プロジェクト実現可能性検討の覚書」（製造業の取引の例）を挙げておきます。段階的覚書の目的としては，以下の2点があります。
　①　プロジェクトの投資リスクの回避
　②　そのつどフェーズごとの実現可能性を検証して行くことができる

〔事例〕

　　A社（日本のメーカー。英文中はAAAと表記）の社長室の社員であるあなたが社長室長の上司から以下の骨子の覚書（Letter of Intent）の案をドラフトするように指示を受けました。
　①　当事者の役割：A社：モーターの開発・設計；B社（英国メーカー。英文中はBBBと表記）：モーターの英国における製造・EU域内における販売
　②　覚書の目的：Feasibility Study 実現可能性の検討，NDA 秘密保持
　③　Feasibility Study 実現可能性の目的：2021年2月までにモーターの試作及び部品メーカーの選定を行う；2022年3月中旬までに試作品完成及び検査を実施する
　④　Feasibility Study 実現可能性の費用負担：A社がサンプルモーター2基をA社の負担で2020年12月までに，B社へ供給する
　⑤　守秘義務規定；秘密表示の文書あるいは情報について，10年間

Fact Pattern　事例の設定
Memorandum of Understanding（MOU）

-------------------------------- fact --------------------------------

You are Legal Counsel of Company AAA (Japanese company). Your client (Terry Itoh, Overseas Motor Business Manager of Company AAA) came to you to prepare a draft MOU. Mr. Itoh has just brought a memo about basic structure of the proposed motor supply business with BBB (UK company):

- Company AAA：To develop and design the Motors
- Company BBB：To assemble and manufacture the Motors for AAA
- Purpose of LOI：Initiation of FS & NDA（only NDA legally binding）
- Purpose of FS：BBB to assemble the Motors and to select locally procured parts by end February 2021, and complete full assembly and test of the Motors by mid March 2022.
- Sharing of the FS expenses：AAA to supply two testing units to B in December 2020 at AAA's expense.
- Confidentiality：documents or information for ten years if labelled "PROPRIETARY" or "CONFIDENTIAL"

　あなたはＡ社の法務担当です。Ａ社の海外モーター事業部長のテリー伊藤氏がＢ社とのモーター供給ビジネスの概要のメモを持ってきました。

- Ａ社：モーターの開発・設計
- Ｂ社：モーターの組み立て・製造の受託
- LOI の目的：実現可能性の検討と守秘義務（守秘義務のみ法的拘束力を持つ）
- 実現可能性検討の目的：2021年２月末までに，モーターの組み立て，現地調達部品の選定，及び，2022年３月中旬までに，モーターの組み立て及び試験の完了
- 実現可能性検討の費用負担：Ａ社がＡ社の費用負担で２基のモーター試作品を2020年12月中までに，Ｂ社へ提供する
- 守秘義務：秘密表記された情報について10年間

　上記のメモを参考にして，MOU 覚書のドラフトを作成してみてください。

【MOU 覚書の日本語サマリー】

１．プロジェクトの概要：Ａ社からＢ社へモーターの組み立て・製造委託

２．実現可能性検討の内容：

- 実現可能性検討の費用負担：Ａ社がＡ社の費用負担で２基のモーター試

作品を2020年12月中までに，Ｂ社へ提供する

- 実現可能性検討の目的：モーターの組み立て，現地調達部品の選定（Ａ社からＢ社へ参考情報の提供），及び，モーターの組み立て及び試験の完了

3．2021年2月末までに，モーターの組み立て，現地調達部品の選定（Ａ社からＢ社へ参考情報の提供），及び，2022年3月中旬までに，モーターの組み立て及び試験の完了

4．次のステップへ進むかどうかは，両者が判断する。

5．守秘義務①：守秘義務の原則

6．守秘義務②：守秘義務の例外（法令の要求の場合）

7．守秘義務③：守秘義務の対象外

8．守秘義務④：守秘義務の例外（社員やコンサルタントなどへの開示の場合）

9．モーターの知財権がＡ社へ帰属し，本 LOI は何らＢ社に権利を付与するものではない。

10．契約解除時の授受資料の返還義務

11．本件は書式と時期の当事者間の合意の前には公表しない。

12．本 LOI は原則として法的拘束力を持たないが，第5条〜第11条は，発効日から10年間有効とする。準拠法は日本法とする。

-- Instructions --

Prepare a draft letter of intent in accordance with the information from your client. Before preparing the draft, consider all the necessary components to draft this kind of document.

MEMORANDUM OF UNDERSTANDING（ドラフト例）

This Memorandum of Understanding ("MOU") is made and entered into as of, by and between AAA LIMITED ("AAA"), a corporation organized under the laws of Japan, and BBB LIMITED ("BBB"), a corporation organized under the laws of England.

PURPOSE

AAA and BBB have agreed to enter into discussions relating to a possible transaction involving the assembly by BBB of AAA Motors ("Project") and also to enter into evaluation of viability of the Project.

To smoothly proceed with such discussions and evaluations, there has arisen necessity for determining some guideline in line with which such discussions and evaluations will be made by both parties.

NOW, THEREFORE, the parties hereby agree as follows :

1. Outline of the Project is that AAA will have AAA Motors ("Motors") assembled by BBB and BBB will assemble Motors for AAA, and is subject to further study, review and agreement by AAA and BBB.

2. AAA and BBB will discuss and perform feasibility studies ("Feasibility Studies") on the Project. For the purpose of Feasibility Studies, AAA will furnish BBB, at AAA's costs and expenses, with two units of Motors in December of 2020, and BBB will perform Feasibility

Studies on assembly by BBB in its factory of Motors and select certain parts which will be procured in Europe and assembled into Motors ("Locally Procured Parts"). In addition, AAA will furnish BBB with documents, data and information which AAA will select, at its discretion, for Feasibility Studies and selection of Locally Procured Parts, and also with list of Locally Procured Parts which AAA supposes will be procured locally in Europe for Motors.

3. BBB will complete Feasibility Studies and selection of Locally Procured Parts by the end of February of 2021 and will submit to AAA estimate of the BBB price for procuring Locally Procured Parts and the full assembly and test of the Motors by the middle of March, 2021.

4. Both parties will judge at both parties discretion whether or no AAA and BBB will proceed with the Project, based upon Feasibility Studies and BBB's selection of Locally Procured Parts.

5. All ducuments or information furnished in writing, orally or visually to BBB by AAA which are labelled or described as "proprietary" or "confidential" or which are confirmed in writing by AAA to BBB as being "proprietary" or "confidential" within 30 days after such documents or information are furnished to BBB by AAA shall be used only for the purpose of the Feasibility Studies and selection of Locally Procured Parts and shall be given the same level of confidential treatment as BBB gives its own similar proprietary or confidential documents or information.

　Motors which will be furnished to BBB by AAA in accordance with paragraph 2 of this MOU shall be used only for the purpose of the Feasibility Studies and selection of Locally Procured Parts and shall be given the same level of confidential treatment as BBB gives its own similar products.

   All documents or information furnished in writing, orally or visually to AAA by BBB which are labelled or described as "proprietary" or "confidential"or which are confirmed in writing by BBB to AAA as being "proprietary"or "confidential" within 30 days after such documents or information are furnished to AAA by BBB shall be used only for the purpose of the Feasibility Studies and selection of Locally Procured Parts and shall be given the same level of confidential treatment as AAA gives its own similar proprietary documents.

6. Except as may be compelled by law, neither party shall disclose to third persons proprietary or confidential documents or information furnished in writing, orally or visually by the other party and BBB shall not disclose to third persons Motors furnished to BBB by AAA in accordance with paragraph 2 of this MOU.

7. With respect to this MOU, the parties will not consider as proprietary or confidential :
   a) documents or information already in the possession of the receiving party when these documents or information are furnished to it ;
   b) documents or information which are publicly known on the date of the signature of this MOU or which subsequently become publicly known except if the receiving party caused the publication to be made ;
   c) documents of information furnished or disclosed by a third party duly entitled to do so.

8. Each party will notify each of its employees and professional advisers involved in the Feasibility Studies and selection of Locally Procured

Parts, or who may have any occasion to view, handle or obtain, any of the proprietary or confidential documents or information hereunder, of the terms of this undertaking. Each party further agress that proprietary of confidential documents or information will be made available only to its employees and professional advisers who are concerned in the subject.

BBB will notify each of its employees and professional advisors involved in the Feasibility Studies and selection of Locally Procured Parts, or who may have any occasion to view, handle or obtain Motors furnished to BBB by AAA hereunder, of the terms of this undertaking, and further aggress that such Motors will be made available only to its employees and professional advisors who are concerned in the subject.

9. This MOU does not imply any transfer from one party to the other party of the rights resulting from patent or other title to intellectual property which would be brought to the knowledge of the other party on the occation of or pursuant to this MOU. The information and documents furnished by one party to the other or Motors furnished to BBB by AAA hereunder shall remain the exclusive property of the party which has furnished such informations or documents or Motors.

10. In the event discussion and Feasibility Studies are terminated by either party or terminate without the parties having entered into a transaction regarding the Project or in the event that Feasibility Studies and selection of Locally Procured Parts are completed. each party shall, at the written request of the other, return all proprietary or confidential documents and all copies thereof and Motors.

11. It is the intent of AAA and BBB to avoid public disclosure of matters relating to the Project prior to agreement between the parties

on the form and timing of such announcements.

12. This MOU shall not have legally binding effect on AAA and BBB, provided ; however, that provisions set forth in paragraph 5 through paragraph 11 shall be legally effective during ten (10) years from the effective date of this MOU. This MOU is governed and construed under the laws of Japan.

AAA LIMITED [signature]

BBB LIMITED [signature]

　この覚書のドラフトする上で注意する点は，いきなり想定している「取引」について合意するのではなく，Feasibility Study（実現可能性を検討）しつつ，フェーズ毎に合意を行って，次のステップへ進み，いくつかのステップを踏んでから，取引の合意を行うようにすることが重要です。
　最終的なゴールとして，締結すべき正式な「合弁事業契約書」をイメージするとすれば，以下の基本的な契約条項を盛り込んだ契約書となるでしょう。この場合には，新規設立の合弁会社になります。

　1．合弁会社の事業目的
　2．合弁契約の資本金・出資割合など
　3．クロージング（停止条件）
　4．クロージング（出資の実施）
　5．合弁会社の株主総会・決議事項・決議要件（少数株主の拒否権）
　6．合弁会社の運営（取締役会・決議事項・決議要件など）
　7．役員の指名・派遣
　8．資金調達
　9．株式の譲渡制限
　10．一般条項

6　タームシートの記載例

⑴　投資者側からみた投資契約のタームシート

第1　株式の引受

項　目	内　　容
1．契約当事者	投資者：○○○有限責任事業組合 発行会社：株式会社○○○ 経営株主：○○○
2．発行及び取得	A種優先株式○○○株を以下に記載の条件で発行 10．対象会社：株式会社○○○ 11．種類：A種優先株式 12．株式の数：○○○株 13．払込金額：1株当たり○○○円 14．払込金額の総額：○○○円 15．払込期日：令和○○年○月○日 16．募集方法：第三者割当の方法 17．増加する資本金及び資本準備金の総額： 　　　増加する資本金の総額：○○○円 　　　増加する資本準備金の総額：○○○円 18．優先配当：1株当たり○○円（1株当たり払込金額の 　　○%）普通株式に優先，累積・参加型 19．議決権：有り（1株につき1個の議決権）　など
3．発行決議	・令和○年○月○日までに実施 ・取締役会及び株主総会の議事録の写しを投資者に交付
4．払込手続	払込期日等は，別紙に記載のとおり ＜払込後＞ 株券発行会社の場合…株券交付及び株主名簿の写しの交付 株券不発行会社の場合…株主名簿の写しの交付

第2　表明保証

5．発行会社及び経 　　営株主	⑴　発行会社の設立及び資格 ⑵　投資契約の有効性及び執行可能性 ⑶　違反の不存在 ⑷　資本構成 ⑸　A種優先株式の発行手続

	⑹ 定款，商業登記簿謄本，決算書等の文書の交付
	⑺ 登記事項
	⑻ 財務諸表等の適正
	⑼ 事業計画書
	⑽ 許認可及び法令の遵守　など
6．経営株主	⑴ 経営株主の権能
	⑵ 投資契約の有効性及び執行可能性
	⑶ 保有している株式について
	⑷ 兼任／兼職
	⑸ 刑事罰等の不存在　など

第3　払込前提条件

7．払込前提条件	⑴ 発行会社及び経営株主の表明保証の正確性
	⑵ 発行会社の財政状態に重大な悪影響を及ぼす事態の不発生
	⑶ 発行会社及び経営株主による⑴及び⑵の確認書面の交付
	⑷ A種優先株式の発行を決議した取締役会及び株主総会の議事録，株式引受契約の締結を承認した取締役会の議事録その他投資者が要求する書面の交付

第4　発行会社の運営に関する事項

8．上場努力義務	
9．資金使途	
10．ガバナンス事項	
11．取締役及びオブザーバーの選任	
12．誓約事項	⑴ 適正な会計帳簿の維持
	⑵ 関連当事者との取引の適正（アームズレングス）　など
13．重要事項の通知／事前承認	投資者への事前通知及び投資者の事前承諾の取得 要承諾事項 1．定款の変更 2．取締役会規程その他の重要な内部規則の制定，変更又は改廃 3．事業計画及び年次予算の策定又は変更 4．株式，潜在株式等の発行，付与又は割当てその他保有比率に影響を与えうる行為 5．株式の分割又は併合

	6．資本金又は準備金の額の減少 　 7．自己株式の取得又は消却 　 8．剰余金の配当及びその他の処分 　 9．合併，会社分割，株式交換，株式移転その他の組織再編 　10．事業の全部若しくは重要な一部の譲渡又は譲受け，賃貸，経営の委任その他これらに準ずる行為 　11．子会社，支店又は合弁会社の設立 　12．社債の発行 　13．役員報酬の改定　など
14．事後通知	以下の事項が発生した場合は，速やかに投資者に通知 ⑴　持株比率 5 ％以上の株主の保有する発行会社株式等の異動 ⑵　支払停止若しくは支払不能，手形若しくは小切手の不渡り，又は破産，民事再生，会社更生，特別清算の第三者による申立て ⑶　差押，仮差押，仮処分，強制執行又は競売の申立て　など
15．経営株主の専念義務	• 投資者の承諾なく，取締役の辞任，再選拒否をしない。 • 投資者の書面による事前承諾のない兼職及び兼任の禁止 • 在任中及び退任後○年間の競業避止義務

第 5　株式関連事項

16．投資者の新株等引受権	発行会社株式等を発行等する場合，投資者の持株比率に応じた引受権を投資者に付与
17．経営株主による株式等の譲渡	経営株主の保有する発行会社株式等の譲渡，担保の設定，その他の処分の禁止
18．投資者による株式の譲渡	投資者は，発行会社株式等を譲渡できる。
19．投資者の優先受領権（みなし清算条項）	M&A の場合に，A種優先株式の保有者は，A種優先株式における優先残余財産の分配と同様の分配を受けることができる。
20．共同売却権 　（Tag-along right）	経営株主が，自身の保有する発行会社株式を，発行会社又は第三者に譲渡する場合には，投資者は，経営株主による譲渡の条件と同等の条件で，自己の株式を譲受予定者に譲渡されるよう要求する権利を有する。
21．一括売却請求権 　Drag-along right	発行会社の議決権の過半数を有する投資者が，その保有するすべての株式を第三者に譲渡することに同意する場合，投資者は，経営株主が保有する対象会社株式の全部を，譲渡対象

| | 株式を譲渡する条件と同一の条件により譲渡相手方に対して売却することができる。 |

第6　株式の買取り

| 22. 買取・売却義務 | 発行会社及び経営株主は，以下の場合に連帯して株式買取義務を負う。
(1)　発行会社又は経営株主が株式引受契約に違反した場合
(2)　発行会社又は経営株主の表明保証が真実又は正確でなかった場合
(3)　本優先株式の発行後，5年が経過したのち，M&A等の機会があるにもかかわらず，経営株主が当該M&A等に同意しない場合
(4)　IPOの条件・環境が整っているにもかかわらず，IPOを行わない場合（IPO = Initial Public Offering） |
| 23. 買取価額 | 前項の価額については，以下のうち投資者の指定する価額とする。
(1)　A種優先株式の1株当たりの払込金額に配当を加えた額
(2)　財産評価基本通達に定められた「類似業種比準価額方式」に従い計算された1株当たりの金額など |

第7　一般条項

24. 損害賠償等	
25. 有効期間	投資契約終了事由 (1)　株式上場 (2)　発行会社の解散（合併による解散を除く。） (3)　投資者が発行会社株式等を全く保有しなくなった場合など
26. 一般条項	公表，秘密保持，他の契約の制限，費用負担，通知方法，譲渡禁止，準拠法，裁判管轄等

(2)　共同研究開発契約のタームシートサンプル

〔共同研究開発契約タームシート〕

項　目	条　　件
当事者	X社・Y社
研究目的	○○製品の開発・製品化

役割分担	甲の役割：技術者の派遣，製品評価への立会い 乙の役割：本製品の設計，製造，製品評価
スケジュール	本契約締結後速やかに決定
費用負担	各自の役割分担を行う上で発生する費用を負担する
情報開示	以下を相互に開示する　①本契約締結日に各自が所有し，本研究に必要な情報（バックグラウンド知的財産），及び②各自の役割業務から得られた技術的情報
知的財産権の帰属	①　本研究の過程で各当事者が独自開発した発明：当該当事者に帰属 ②　本研究の過程で両当事者が共同で開発した発明：甲乙の共有（持分は当事者間で協議の合意）
バックグラウンド知的財産のライセンス	①　甲は乙に本研究の開始前から保有する特許権をライセンス ②　乙は甲に本研究の開始前から保有する特許権をライセンス
第三者の権利侵害	相互に非保証
守秘義務	存続期間：本契約終了後5年間存続
競業避止	本製品と同一又は類似の製品の開発の禁止（本契約終了後3年間）
公表	①　本研究開始の事実は別紙に定める内容を相手方の事前承諾なしに公表可能 ②　本研究の成果を公表可能（公表内容・方法は当事者間で別途合意）
契約期間	1年間。60日前に非更新の通知がない場合，1年間の自動更新
準拠法・裁判管轄	日本法・東京地方裁判所
一般条項	解除事由，不可抗力，契約譲渡禁止，存続条項，損害賠償責任，免責・補償，通知，完全合意条項など

(3)　ソフトウェア・ライセンス契約のタームシート（英・日）

　Customer（顧客・ライセンシー）が，LICENSOR（ライセンサー）から本件ソフトウェアの非独占的な使用許諾を受けるケースです。

〔ライセンサー側のドラフト〕

項　目	内　　容
Parties 契約当事者	LICENSOR：ライセンサー Customer：顧客・ライセンシー
License ライセンス	LICENSOR hereby grants to Customer a nontransferable and nonexclusive right during the Term to use the LICENSOR computer software product(s) identified in the Product Schedule LICENSOR は，本契約の別紙A「製品一覧表」に記載するLICENSOR のコンピュータソフトウェア製品（「本件ソフトウェア」），ならびにかかる製品に添付されるすべてのドキュメンテーションを使用する譲渡不可かつ非独占的権利を，契約期間中につき本件顧客に付与する。
Scope of Use 使用範囲	Customer may use the Software, as specified in the Product Schedule, and the Documentation at Customer's facility identified on the Cover Page. Customer may reproduce one (1) additional copy of the Software for backup/archival purposes. 本件顧客は，製品一覧表に定めるとおり，本件ソフトウェアおよびドキュメンテーションを，カバーページに特定する本件顧客の施設において，使用することができる。
Delivery 引渡し	To be downloaded from the Site: URL. URL の特定サイトからダウンロード To be accessible with the access key which will be delivered by e-mail. e メールで送付されるアクセスキーによる引渡し
Term 契約期間	From October 1, 2020 to September 30, 2021
Payment 支払条件	T/T Remittance to the bank account to be designated by LICENSOR. ライセンサー指定銀行口座へ電信送金
Ownership 知的財産権の帰属	the Software, Documentation and all other related materials provided to Customer, and all intellectual property rights therein, are the exclusive property of Licensor or its suppliers. 本件顧客に提供される本件ソフトウェア，ドキュメンテーション並びにその他すべての関連資料，およびそれらに対するすべての知的財産権は，ライセンサー又はそのサプライヤーの独占的財産である。

Warranty 保証条件	LICENSOR warrants that for a period of ninety (90) days from the date of delivery (the "Warranty Period"), the Software, when properly used, will operate substantially in accordance with the specifications contained in the Documentation. LICENSOR は，引渡日から90日間（「保証期間」）につき，本件ソフトウェアが正しく使用された場合は，ドキュメンテーションに含まれる仕様書と実質的に合致して稼働することを保証する。
Indemnity 免責・補償	LICENSOR shall indemnify, defend, and hold Customer harmless from any action brought by a third-party against Customer to the extent that it is based on an allegation that the Software provided hereunder has infringed a United States intellectual property right or trade secret, and pay those damages or costs related to the settlement of such action or finally awarded against Customer in such action, including but not limited to attorneys' fees, provided that Customer (ⅰ) promptly notifies LICENSOR of any such action, (ⅱ) gives LICENSOR full authority, information and assistance to defend such claim and (ⅲ) gives LICENSOR sole control of the defense of such claim and all negotiations for the compromise or settlement thereof. 　LICENSOR は，第三者により本件顧客に対して提起された訴訟が，本契約に基づき提供された本件ソフトウェアが，米国の知的財産権又はトレードシークレットを侵害しているとの主張に基づく限り，本件顧客を免責，防御し，損害を与えないものとし，なおかつ弁護士費用を含む，かかる訴訟の解決，及びかかる訴訟において最終的に本件顧客に対して下された損害賠償額又は費用を負担するものとする。ただし，本件顧客が，以下の各号を行うことを条件とする。 　(ⅰ)　LICENSOR に対してかかる訴訟について直ちに通知する， 　(ⅱ)　かかる請求を抗弁するために，LICENSOR に全面的権限，情報および支援を与える，及び 　(ⅲ)　かかる請求の抗弁，及びその妥協又は和解に向けたすべての交渉につき，LICENSOR に単独の支配権を与える。
Limitation of Liability	NEITHER LICENSOR NOR ITS TECH PARTNERS WILL BE LIABLE FOR ANY LOSS OR DAMAGE THAT MAY

責任制限	ARISE IN CONNECTION WITH CUSTOMER'S USE OF THE SOFTWARE. IN NO EVENT WILL LICENSOR OR ITS TECH PARTNERS BE LIABLE FOR ANY INDIRECT, SPECIAL, INCIDENTAL OR CONSEQUENTIAL DAMAGES, EVEN IF LICENSOR HAS BEEN ADVISED OF THE POSSIBILITY OF SUCH DAMAGES. LICENSOR 又はその技術パートナーはいずれも，本件顧客による本件ソフトウェアの使用に関して発生する損失又は損害に対して責任を負わないものとする。いかなる場合においても，LICENSOR 又はその技術パートナーは，間接的，特別的，付随的又は結果的損害について，LICENSOR がかかる損害の可能性について通知を受けていた場合であっても，又いかなる種類の限定的救済の重要な目的の不履行があった場合も，責任を負わないものとする。 IN NO EVENT SHALL CUSTOMER BE ENTITLED TO ANY MONETARY DAMAGES AGAINST LICENSOR OR ITS TECH PARTNERS, REGARDLESS OF THE FORM OF ACTION ALLEGED, IN EXCESS OF THE SOFTWARE FEES PAID TO LICENSOR BY CUSTOMER HEREUNDER FOR THE PRODUCT TO WHICH CUSTOMER'S CLAIM RELATES. 本件顧客は，LICENSOR 又はその技術パートナーに対して，訴訟の形態を問わず，本件顧客の請求に関連する製品について，本件顧客が本契約に基づき LICENSOR に支払ったソフトウェア料を超えて金銭的損害賠償を請求することはできない。
General Provisions 一般条項	Termination 解除権 （Breach of any provision, Insolvency） No Waiver 権利放棄条項 No Assignment 譲渡禁止 Force Majeure 不可抗力 No Export 輸出禁止 Severability 可分性 Governing Law and Jurisdiction 準拠法及び裁判管轄 Press Release プレスリリース Integration 完全合意

〔ライセンサー側のドラフトをより簡潔にしたタームシート〕

項　目	内　　容
契約当事者	LICENSOR：ライセンサー Customer：顧客・ライセンシー
License ライセンス	－To grant a nontransferable and nonexclusive right to use the computer software product(s) identified in the Product Schedule －本契約の別紙Ａ「製品一覧表」に記載するコンピュータソフトウェア製品（「本件ソフトウェア」）を使用する譲渡不可かつ非独占的権利を付与する。
Scope of Use 使用範囲	－Customer may use the Software at Customer's facility identified on the Cover Page. －本件顧客は，本件フトウェアを本件顧客の施設において使用できる。
Delivery 引渡し	－To be downloaded from the Site: URL; or －To be accessible with the access key which will be delivered by e-mail.
Term 契約期間	－From October 1, 2020 to September 30, 2021.
Payment 支払条件	－T/T Remittance to the bank account to be designated by LICENSOR. 日本語は P171
Ownership 知的財産権の帰属	－the Software, Documentation and all other related materials, and all intellectual property rights therein, are the exclusive property of LICENSOR or its suppliers. －本件顧客に提供される本件ソフトウェア，ドキュメンテーションならびにその他すべての関連資料，及びそれらに対するすべての知的財産権は，LICENSOR 又はそのサプライヤーの独占的財産である
Warranty 保証条件	－Warranty Period: a period of ninety（90）days from the delivery date －LICENSOR warrants that the Software, when properly used, will operate substantially in accordance with the specifications contained in the Documentation. －保証期間：引渡日から90日間 －LICENSOR は，本件ソフトウェアが正しく使用された場合は，ドキュメンテーションに含まれる仕様書と実質的に合致

	して稼働することを保証する。
Indemnity 免責・補償	−LICENSOR to indemnify Customer against allegation of infringement of United States intellectual property right or trade secret; provided Customer (i) to promptly notifiy LICENSOR of any such action, (ii) to give LICENSOR full authority to defend such claim, and (iii) to give LICENSOR sole control of the defense of such claim including settlement. −LICENSOR は，米国知的財産権又はトレードシークレットの侵害に対して，本件顧客を免責する。但し本件顧客が以下を行うことを条件とする。 （i）LICENSOR に訴訟につき直ちに通知する （ii）請求を抗弁するため，LICENSOR に全面的権限を与える，および （iii）和解を含み請求の抗弁につき，LICENSOR に単独の支配権を与える。
Limitation of Liability 責任制限	−LICENSOR/ ITS PARTNERS NOT LIABLE FOR: （I）ANY LOSS OR DAMAGE IN CONNECTION WITH CUSTOMER'S USE OF SOFTWARE. （II）ANY INDIRECT, SPECIAL, INCIDENTAL OR CONSEQUENTIAL DAMAGES （III）IN EXCESS OF THE SOFTWARE FEES −LICENSOR/ そのパートナーは以下の責任を負わない （I）本件顧客による本件ソフトウェアの使用に関して発生する損失又は損害 （II）間接的，特別的，付随的又は結果的損害 （III）ソフトウェア料を超えた損害
General Provisions 一般条項	Termination 解除権 No Waiver 権利放棄条項 No Assignment 譲渡禁止 Force Majeure 不可抗力 No Export 輸出禁止 Severability 可分性 Governing Law and Jurisdiction 準拠法及び裁判管轄 Press Release プレスリリース Integration 完全合意

⑷　ディストリビュータ契約（販売総代理店契約）のタームシート

双方からタームシートが提示される契約交渉となった場合です。

〔供給者（メーカー）からのドラフト〕　下線は相手方と異なる箇所

項　目	内　　容
Parties 契約当事者	Supplier（供給者（メーカー）） Distributor（ディストリビュータ）
Appointment of Distributor ディストリビュータの指名	Supplier appoints Distributor as its <u>non-exclusive</u> distributor for the distribution and servicing of the Products in the Territory. サプライヤーはディストリビュータを本商品の本販売地域内における販売と供給を<u>非独占的</u>に行うディストリビュータとして任命する。
Term 契約有効期間	Unless sooner terminated in accordance with the provisions hereof, this Agreement shall commence on the date of this Agreement as set forth in the first paragraph of this Agreement and shall expire <u>one years</u> thereafter. The parties shall negotiate in good faith for the renewal or extension of this Agreement at least six months before the expiration date. 本契約の規定により早期に解除されない限り，本契約は最初のパラグラフに記載された本契約書の日付に効力を発し，以後<u>1</u>年間有効とする。契約当事者は本契約の更新又は延長について，遅くとも期間満了の6カ月前までに誠実に交渉しなければならない。
Minimum purchase requirement 最低購入義務	Distributor shall purchase 200,000 units of the Products (hereinafter referred to as "Minimum Target") in respect of each calendar year (hereinafter referred to as "Year") or such other amount as may be agreed in writing by the Parties hereto in relation to each Year. Supplier shall be entitled, at its choice, to terminate this Agreement, or to cancel Distributor's exclusivity, or to reduce the extent of the Territory, by giving one month's notice in writing if Distributor fails in any Year to purchase the Minimum Quantity for that Year. If in any Year Distributor fails to purchase the Minimum Quantity, it may carry forward any excess purchases over the Minimum

Quantity made in the previous Year to make up the difference between the actual quantity purchased and the Minimum Quantity.

ディストリビュータは，暦年（以下，「年」という）ごとに，20万台の本商品（以下，「最低目標額」という），もしくは当事者間で書面にて合意した金額の本商品を毎年購入しなくてはならない。サプライヤーは，ディストリビュータが最低目標額の購入を達成できなかった場合，１ヶ月以上前に書面により通知することにより，その選択により，本契約を解除する，ディストリビュータの独占権を取り消す，又は本販売地域を縮小させることができる権利を有する。ディストリビュータが最低目標額の購入を達成できなかった場合，前年の最低目標額を上回った分の購入額を繰り越して，その差額を埋め合わせることができるものとする。

Warranty 保証	Supplier warrants to Distributor that the Goods purchased by Distributor from Supplier shall be free from defects in material and workmanship. This warranty is the only warranty applicable to the Goods. Supplier's liability for breach of warranty shall be limited solely and exclusively to repairing or replacing, at Supplier's option, the defective Goods. This warranty is effective for <u>one year after the delivery</u> of the Products. サプライヤーはディストリビュータに対して，サプライヤーから購入した商品は材料及び製造上の欠陥がないことを保証する。本保証は本商品に適用される唯一の保証である。サプライヤーの保証違反に対する責任は，サプライヤーの選択するところにより，唯一かつ排他的に，欠陥商品の修補か，又は商品の交換に限定されるものとする。本保証は製品の<u>引渡後１年間</u>とする。 THERE ARE NO OTHER WARRANTIES OF ANY KIND, EXPRESS OR IMPLIED, INCLUDING BUT NOT LIMITED TO THE IMPLIED WARRANTIES OF MERCHANTABILITY AND FITNESS FOR A PARTICULAR PURPOSE WHICH ARE HEREBY DISCLAIMED. THE REMEDIES SET FOR BREACH OF WARRANTIES SET FORTH ABOVE ARE EXCLUSIVE REMEDIES AND SUPPLIER SHALL NOT BE RESPONSIBLE FOR ANY INDIRECT, SPECIAL, INCIDENTAL OR CONSEQUENTIAL DAMAGES.

	サプライヤーは，明示的又は黙示的を問わず，上記以外の保証を行うものではなく，市場性及び特定目的への適合性の黙示的保証を含む（ただしこれに限定されない）その他一切の保証は放棄される。上記に定められた保証違反に対する救済は唯一の救済であり，サプライヤーは，間接的，特別的，付随的または派生的損害についても責任を有しないものとする。
Limitation of Liability 責任制限	In no event shall the liability of Supplier for breach of any contractual provision relating to the Goods exceed the <u>purchase price of the Goods</u> which Distributor has actually paid during the preceding <u>three (3) months</u> prior to accrual of such damages. In no event shall Supplier be liable for any special, incidental or consequential damages arising out of Distributor's use or sale of the Goods or Supplier's breach of any contractual provisions relating to the Goods, including but not limited to any loss of profits or production by Distributor. Any action resulting from any breach by Supplier must be commenced <u>within one year</u> after the cause of action has accrued. 商品に関する契約条項違反に対するサプライヤーの保証は，いかなる場合であれ，<u>損害発生前の３ヶ月間</u>に実際にディストリビュータが支払った<u>商品の購入価格</u>を超えないものとする。サプライヤーは，いかなる場合であれ，ディストリビュータの商品の使用又は販売から生じた，又はサプライヤーの商品に関する契約条項違反から生じた，ディストリビュータの利益又は生産の損失を含む（ただしこれに限定されない），特別的，付随的又は派生的損害に対して責任を負わない。サプライヤーの契約違反に対して訴訟を起こす場合は，訴訟の原因が発生してから<u>１年以内に</u>開始されなければならない。
Governing Law 準拠法	<u>Internal and substantive laws of Japan</u>, including the provisions of CISG, provided however that the Parties agree to exclude the provisions of CISG to the extent that any provisions of CISG are contrary to, or conflict with the provisions of this Contract. CISG の規定を含み，<u>日本の国内実質法</u>に準拠し，執行されるものとする。ただし，当事者は CISG の規定が本契約の規定に反し，又は矛盾する程度において CISG の規定を除外することに合意する。

Any and all disputes arising out of or related to this Contract between Supplier and Distributor shall be brought exclusively in Tokyo District Court.
本契約から，また本契約に関連してサプライヤーとディストリビュータ間で発生するすべての紛争は，東京地方裁判所に専属的に提起されるものとする。

〔ディストリビュータ候補からのドラフト〕　下線は相手方と異なる箇所

Parties 契約当事者	Supplier（供給者（メーカー）） Distributor（ディストリビュータ）
Appointment of Distributor ディストリビュータの指名	Supplier appoints Distributor as its exclusive distributor for the distribution and servicing of the Products in the Territory. サプライヤーはディストリビュータを本商品の本販売地域内における販売と供給を独占的に行うディストリビュータとして任命する。
Term 契約有効期間	Unless sooner terminated in accordance with the provisions hereof, this Agreement shall commence on the date of this Agreement as set forth in the first paragraph of this Agreement and shall expire five years thereafter. The Distributor shall have the option to renew and extend the Agreement another five years that can be exercised any time at least six months before the expiration date of the initial Agreement period. The Distributor shall notify the Supplier to exercise the option for the renewal or extension of this Agreement at least six months before the expiration date. 本契約の規定により早期に解除されない限り，本契約は最初のパラグラフに記載された本契約書の日付に効力を発し，以後5年間有効とする。 ディストリビュータは期間満了の6カ月前までに本契約をさらに5年間延長する選択権を有する。ディストリビュータは選択権を行使する場合には，期間満了の6カ月前までにサプライヤーへ書面で通知するものとする。
Warranty 保証	Supplier warrants to Distributor that the Goods purchased by Distributor from Supplier, shall be free from defects, and conform to the specifications as

	agreed between the Parties. サプライヤーはディストリビュータに対して，サプライヤーから購入した商品は欠陥がないこと，かつ当事者間で合意した仕様に合致することを保証する。
Limitation of Liability 責任制限	Supplier shall be liable for any special, incidental or consequential damages arising out of use or sale of the Goods by the Distributor or Customer. サプライヤーは，ディストリビュータもしくは顧客の商品の使用又は販売から生じた，特別的，付随的又は派生的損害に対して責任を負う。

Governing Law 準拠法	The contractual relations of the Parties including the interpretation of the Contract and any and all rights and obligations of each individual sale and purchase contract made by the Parties hereto under this Contract shall, in all respects, be governed by and enforced in accordance with the laws of the State of New York, United States. 本契約の解釈及び本契約に基づき本契約当事者間で締結される個別売買契約のすべての権利義務を含む当事者の契約関係は，すべての点において，米国，ニューヨーク州法に準拠し，執行されるものとする。 Any and all disputes arising out of or related to this Contract between Supplier and Distributor shall be brought exclusively in United States District Court for the Southern District of New York. 本契約から，また本契約に関連してサプライヤーとディストリビュータ間で発生するすべての紛争は，米国，ニューヨークの南部地区連邦裁判所に専属的に提起されるものとする。

サイド・レターの記載例―購買契約の例

　購買契約の条件を変更する場合に，契約変更の覚書でも OK ですが，以下のようにレター形式で，相手方から同意サインを得る場合に，Side Letters（サイド・レター）が利用されます。

ABC Company（ABC カンパニー）
［Address］（［住所］）

Subject: Side Letter Agreement to the Purchase Agreement No.
　　　　XXX
件名：購入契約書に対するサイドレター契約書番号 XXX

Gentlemen:
Reference is made to Letter Agreement No. XX (the 'Letter Agreement') to the Purchase Agreement No. XXX (the 'Purchase Agreement') among The ABC Company ('ABC') and XYZ Corporation ('XYZ') relating to the sale by ABC and the purchase by XYZ of Model 123 Drone.
前略：
　本レター・アグリーメントは，Model 123 Drone の ABC カンパニー（「ABC」）による販売と XYZ コーポレーション（「XYZ」）による購入に関連するもので，ABC 及び XYZ 間で締結された購入契約番号 XXX（「購入契約」）に対するレター・アグリーメント番号 XX（「レター契約」）が参照されています。

This letter amendment (this 'Letter Amendment'), when accepted by Buyer, will become part of the Letter Agreement and part of the Purchase Agreement, and will evidence our further agreement with respect to the matters set forth below.

　この書簡の修正（この「書簡の修正」）は，購入者によって受諾されると，書簡契約及び購入契約の一部となり，下記の事項に関する当社のさらなる合意を証明するものとなります。

All terms used herein and in the Letter Agreement, and not defined herein, shall have the same meaning as in the Letter Agreement. If there is any inconsistency between the terms of this Letter Amendment and the Letter Agreement or the Purchase Agreement, the terms of this Letter Amendment will govern.

　本明細書及びレター契約で使用され，本明細書で定義されていないすべての用語は，レター契約と同じ意味を持つものとします。本契約書の条件と契約書又は購入契約書との間に矛盾がある場合は，本契約書の条項が適用されます。

The terms of the Purchase of the Letter Agreement shall be replaced as follows:

　本レター・アグリーメントの購入条件は，以下に置き換える。

The terms of the Purchase 購入条件

(1) ………………
(2) ………………．
(3) ………………．
(4) ………………．
(5) ………………

The Parties hereby agree that the Letter Agreement will be terminated.

　当事者は，これにより，レター契約が終了することに同意します。

If the foregoing correctly sets forth your understanding of our agreement with respect to the matters addressed above, please indicate your acceptance and approval below.

　上記の事項について，当社の同意に対するお客様の理解が上記に正しく記載されている場合は，下記にお客様の同意及び承認を示してください。

XYZ Corporation　XYZ 株式会社

Agreed to the above:
　上記を受け入れ，同意しました。

By: _____
署名欄：_____

索　引

【著者紹介】

牧野　和夫 (まきの　かずお)

【現職】　弁護士，弁理士，米国ミシガン州弁護士（芝綜合法律事務所），早稲田大学，琉球大学法科大学院，関西学院大学商学部・法学部，同志社大学商学部の各兼任講師。最先端法務研究会座長。Yahoo! News 正式コメンテーター。

【略歴】　早稲田大学法学部卒，ジョージタウン大ロースクール法学修士，General Motors Institute 優等修了，ハーバードロースクール交渉戦略プログラム修了。いすゞ自動車法務部課長，アップルコンピュータ法務部長，クレディスイス生命保険法務部長，内閣司法制度改革推進本部法曹養成検討会委員，国士舘大学法学部教授，大宮法科大学院大学教授，早稲田大学（IT系）大学院，一橋大学法科大学院講師等を歴任。

【専門】　企業法務・知的財産・IT・海外法務・アメリカ法務・M&A・資金調達・人工知能・自動運転・創薬等。

【著書】　「初めての人のための契約書の実務」（中央経済社）など多数。

秘密保持契約・予備的合意書・覚書の法務と書式

2021年8月1日　第1版第1刷発行

著　者　　牧　　野　　和　　夫
発行者　　山　　本　　　　　継
発行所　　㈱中　央　経　済　社
発売元　　㈱中央経済グループ
　　　　　　パ ブ リ ッ シ ン グ

〒101-0051　東京都千代田区神田神保町1-31-2
電話　03（3293）3371（編集代表）
　　　03（3293）3381（営業代表）
https://www.chuokeizai.co.jp
印刷／東光整版印刷㈱
製本／㈲井上製本所

© 2021
Printed in Japan

＊頁の「欠落」や「順序違い」などがありましたらお取り替えいたしますので発売元までご送付ください。（送料小社負担）

ISBN978-4-502-38621-3　C3032

JCOPY〈出版者著作権管理機構委託出版物〉本書を無断で複写複製（コピー）することは，著作権法上の例外を除き，禁じられています。本書をコピーされる場合は事前に出版者著作権管理機構（JCOPY）の許諾を受けてください。
　JCOPY〈https://www.jcopy.or.jp　eメール：info@jcopy.or.jp〉

令和3年3月施行の改正会社法・法務省令がわかる！

「会社法」法令集〈第十三版〉

中央経済社 編　ISBN：978-4-502-38661-9
A5判・748頁　定価 3,520 円（税込）

- ◆ 重要条文ミニ解説
- ◆ 会社法—省令対応表　付き
- ◆ 改正箇所表示

　令和元年法律第 70 号による 5 年ぶりの大きな会社法改正をはじめ，令和 2 年法務省令第 52 号による会社法施行規則および会社計算規則の改正を収録した，令和 3 年 3 月 1 日現在の最新内容。改正による条文の変更箇所に色づけをしており，どの条文がどう変わったか，追加や削除された条文は何かなど，一目でわかります！
　好評の「ミニ解説」も，法令改正を踏まえ加筆・見直しを行いました。

本書の特徴

◆ 会社法関連法規を完全収録
　平成 17 年 7 月に公布された「会社法」から同 18 年 2 月に公布された 3 本の法務省令等，会社法に関連するすべての重要な法令を完全収録したものです。

◆ 好評の「ミニ解説」さらに充実！
　重要条文のポイントを簡潔にまとめたミニ解説を大幅に加筆。改正内容を端的に理解することができます！

◆ 改正箇所が一目瞭然！
　令和 3 年 3 月 1 日施行の改正箇所とそれ以降に施行される改正箇所で表記方法に変化をつけ，どの条文が，いつ，どう変わった（変わる）のかわかります！

◆ 引用条文の見出しを表示
　会社法条文中，引用されている条文番号の下に，その条文の見出し（ない場合は適宜工夫）を色刷りで明記しました。条文の相互関係がすぐわかり，理解を助けます。

◆ 政省令探しは簡単！ 条文中に番号を明記
　法律条文の該当箇所に，政省令（略称＝目次参照）の条文番号を色刷りで表示しました。意外に手間取る政省令探しも素早く行えます。

中央経済社